JN020801

y-knot

これからの
教育学

神代健彦・後藤篤・横井夏子　著

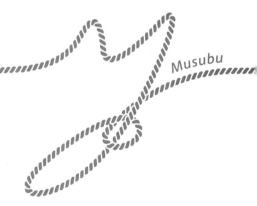

Musubu

有斐閣

デザイン　高野美緒子

1. ようこそ教育学へ

　本書は，あなたが教育学の基本的な考え方を身につけるうえで助けとなるよう編まれたテキストです。

　あなたは，教師をめざす大学生でしょうか。あるいはもっと若い，大学進学で教育学部を考えている高校生でしょうか。いやいや，そんな明確な進路意識からではなくて，もっと漠然と教育学に興味をもった生徒・学生，はたまた，教育とはとくに関係のない仕事をしている方が，趣味で教育学を学んでいるなんていうことがあるとしたら，それはとても素敵なことです。あるいは，かつて教育学を学んだ現役の教師や職員，社会教育関係者，保育者やスクールソーシャルワーカー，スクールカウンセラーなど，子どもを中心とした対人援助職の方が，「学び直し」のために本書を手に取ってくださっているとしたら，とても嬉しく思います。

　ともあれ本書は，教育学に興味をもってくださった，そんなあなたを歓迎します。ようこそ，教育学へ。

▷ **教育学はどんな学問？**　　しかしそれにしても，そもそも教育学ってなにをやるガクモンなんでしょうか。とくに初学者の方は気になりますよね。詰まるところ教育学とは，「教育とはなにか」を探究する学問です。

　と，いかにも深淵な言い方をしてみましたが，すみません，じつはこれ，ある種の「ハッタリ」というか，スローガンみたいなもの

i

です。一口に教育と言ったって，家庭教育，学校教育，社会教育などさまざまです。日本だけでなく世界中で教育は営まれているし，それぞれに長い歴史があります。「教育とはなにか」なんて，そのどれについてどのレベルで知りたいのか，そもそも「とはなにか」ってどんなタイプの答えが欲しいという話なのか，漠然としすぎて答えようがない，というものです。

　実のところ研究者（広義の教育学者）たちは，そんな曖昧模糊とした感じではなく，もっと洗練された問い立てや方法で教育に迫ります。そうした「問いの巧みさ」こそが，教育学の本質とさえいえるかもしれません。教育学とはなにか，それは，教育についての洗練されたさまざまな問いの活動であり，またそれによって明らかにされた知の集積である，といったところでしょうか。

　そういうわけで本書では，教育学が明らかにしてきた教育の概念や事実の知識を提示するというだけでなく，それらの知識を導いた「問い」を伝えることを意識しました。問いがあり，それに悩み，試行錯誤し，結果その（暫定的な）答えが導かれるという，この知的な活動にあなた自身が参加すること——これを繰り返す以外に，教育学を学ぶ道はないとわたしたちは考えています。

▷ **教育の探究共同体**　　もちろんそれは，「わたし（この本）は何も教えない。自分一人で勝手に考えよ」ということではありません。それどころかむしろこれは，協働学習のすすめです。自分よりも少し先に教育学を学びはじめた人たちの輪（よりよい教育を探究する共同体）に参加して，一緒に考えてみるという。

　実際，あなたの目の前には，頼りになる「先輩」がいるでしょう？　そう，あなたが受けている授業を担当する先生のことです。教室には，他の受講生もいるでしょう？　いや独学だから，自分は独りだよ，というあなた。心配はいりません。この本の著者たちは，そんなあなたの「仲間」であり，（学問に携わる者としての）「先輩」

であろうと頑張っている人たちです。そしてなにより，本書で登場する思想家や実践家などの先哲，先達たちが，あなた自身の教育学の強力な助っ人です。

2. 本書の構成と使い方

　本書は，大きく3つの部で構成されています。

▢▷ **第Ⅰ部　概念を鍛える：人間形成の理念・思想**　　世の中には，ちょっと歯が立ちそうにもない教育の難問の数々があふれています。これに切り込むには「思考の道具」＝概念が必要です。この部では，思想家・哲学者たちの作品の読み解きに取り組むことで，あなたの教育学的思考の道具である概念を鍛えていきます。

　扱うテーマ（概念／思考の道具）は，「学ぶ」「教える」「子ども」「学校」の4つです。いずれもみなさんがよく知る日常語ですが，一度（教育の）思想や哲学を通してみることで，それらは，まるではじめて見るものであるかのように変貌を遂げるでしょう。

　「教育について，わたしはなにも知らないのでは？」――心の底からそう自覚できたとき，あなたは立派な教育学徒です。

▢▷ **第Ⅱ部　史実に学ぶ：学校と社会の歴史**　　明治以降の日本の教育の歴史を，とくに学校に焦点を当てて学びます。学校は日本の公教育の中核で，だからこそ政治，経済，文化の力学に翻弄されて今日に至ります。

　あなた自身のこれまでの成長・発達も，よくも悪くも学校の強い影響下にあったのでは？　教員志望者にとって，また改革のただ中にある現役教職員や教育関係者の方にとっても，歴史を振り返ることの価値は決して小さくないでしょう。そもそも，公費（税金）で営まれる公教育である以上，学校はこの社会のすべての人々に関係することです。第Ⅱ部は，いわば学校というものの可能性と限界を見極める，歴史の旅となっています。

▷ **第Ⅲ部　これからを教育学する**　　実はこの第Ⅲ部は，まずな
により著者たちにとって大きなチャレンジであることを，ここに告
白させてください。第Ⅲ部で扱う学力／能力，学校と地域，ジェン
ダーとセクシュアリティ，テクノロジーという主題はいずれも現在
進行形で，だからまだ学問的評価の定まっていない難問です。

　定説を手堅くおさえるのがこの種のテキストの定石ですから，評
価未定の事柄を論じるのは，なにより著者自身にとってスリリング
なことではあります。しかしそれでもこれらの難問は，これからの
社会を生きる子どもたちが直面せざるをえないものです。それはこ
れらの問題が，子どもたちを導き支えようとするすべての大人たち
が考えるべきものである，ということを意味します。目を背けるこ
とはできない，現在進行形の問題にあえて手探りでチャレンジする
――第Ⅲ部はそんな内容になっています。

▷ **教育学の基本書として**　　各部の内容の教員養成課程における
制度的な位置づけも，ここで少しだけ確認しておきましょう。

　第Ⅰ部と第Ⅱ部は，教育職員免許法施行規則に定められた教職課
程の科目等のうち，教育の基礎的理解に関する科目中の「教育の理
念並びに教育に関する歴史及び思想」にあたる内容を扱っており，
教職課程コアカリキュラム（「教育の理念並びに教育に関する歴史及び
思想」）に準拠しています。このこともあり，教育学の基本の修得
をうたう本書ですが，内容の重心は教育の思想・哲学及び教育の歴
史にあります。

　とはいえ，これらは教育学という学問全体の基礎にあたるもので
す。また，とくに第Ⅲ部を中心に，教育社会学，教育方法学，教育
行政学，教育法学等の知見や考え方も意識的に取り入れています。
このような内容構成をとることによって本書は，教職の基礎的理解
に関わる科目の1つを確実にカバーしながらも，より包括的な意
味で，学問としての教育学の基本書であることを追求しています。

▭▷ 「講義」と「問い」　　各章は3〜4節構成を基本とし，さらに各節は「講義」と「問い」で成り立っています。

「講義」は節の主題の概説です。大学の大教室で聴く講義をイメージしています（ちなみに，世界に向けて発信される知の形式である「論文」を意識して，文体は堅めの「である」調です）。ただしこうした概説（大学の講義）は，多くの知識を系統的に得るには有効ですが，「問いを立ててそれに答える」という学問の醍醐味を学習者が実感するのは難しいということがあります。

そこで本書では，その節の主題を扱う優れた研究の成果を，「問いを立ててそれに答える」という形式に再構成して記述する「問い」パートを設けました。ここを読むときは，できれば冒頭部分（問い）で一度立ち止まり，自分なりの仮説やそれを確かめるための方法を想像してみてください。続いて，その問いにプロの研究者はどう答えたのか，その腕前を堪能してください。そうしていくうちにあなたもきっと，「（教育について）問いを立ててそれに答える」という学修，「教育学的思考」を身に付けられるはずです。

▭▷ 見開き2ページ読み切り　　「講義」も「問い」も，見開き2ページに収まる分量に調整しました。ここには2つの意図があります。

1つは，「最小単位の有意味な（教育学的）思考」を示す，ということです。大学の授業には予習復習が求められていますが，多忙な現代人（学生）には，1つの章を一度に読み通す時間がとれない人も多いのではないでしょうか。そうした事情に対応して，1つの見開きが，「一息」で，またスキマ時間（5〜10分程度を想定）でとりあえず読み通せる程度の，小分けされた学修内容となっています。とはいえ，内容を機械的に小分けにするのではなく，1つひとつが過不足なく，質の高い教育学の思考の練習として完結するように心を砕きました。

さらにこうした構成は，目的に応じた柔軟な学修（教育）計画を可能にします。これが２つ目です。実際，「教育の理念並びに教育に関する歴史及び思想」は教職課程の必修科目ですが，めざす免許状の種類によって，学修内容の重点は変わる可能性があります。また授業担当者は，単にテキストを順に消化するだけではなく，それぞれ独自の教育内容（自作教材）を授業のなかに組み込む場合も多いと思います。見開き単位で相対的に独立性の高い本書の構成は，学修者の自律的な学修や教育者の専門性にもとづく裁量の余地を拡張すると考えています。

▷ **各種学修サポート**　　その他にも，学修者の自律的な学修をサポートするため，本書にはさまざまな工夫が施されています。詳しくは，**Information** およびウェブサポートをご覧ください。

謝辞

　本書の執筆にあたって，木村元先生（一橋大学名誉教授）には貴重なご助言を頂きました。イラストレーターの昼間さんは，ステキなイラストを描いてくださいました。そしてなにより，有斐閣書籍編集第２部の中村さやかさんと猪石有希さんのご尽力がなければ，本書はありませんでした。みなさまに深く感謝申し上げます。

　　2023 年 8 月

　　　　　　　　　　　　著者を代表して　**神代　健彦**

＊本書の印税の一部は，ユニセフへの寄付を通じて世界の子どもたちの支援に役立てられます。

著 者 紹 介

神代 健彦（くましろ たけひこ）　担当　第 1, 2, 6 (1, 2 節), 7〜11, 13 章
京都教育大学教育学部教育学科准教授
主　著
『民主主義の育てかた──現代の理論としての戦後教育学』かもがわ出版，
2021 年（編著）／『「生存競争（サバイバル）」教育への反抗』集英社，2020 年／『悩める
あなたの道徳教育読本』はるか書房，2019 年（共編著）

　　　読者へのメッセージ

　「導入」の対話篇に登場するケイタは教員養成大学の 1 年生，同じくナナ
は大学院 2 年生でケイタのいとこです。2 人の会話が示すように，「教育学
的思考」のきっかけは，身近な日常のなかにあります。みなさんも日常に潜
む「問い」をみつけて，ぜひ教育学してみてください。

後藤　篤（ごとう あつし）　　　　　　　　　担当　第 4, 5, 6 (3 節) 章
宮城大学看護学群准教授
主　著
『学校教育における SDGs・ESD の理論と実践』協同出版，2021 年（分担
執筆）／『教育原理』（アクティベート教育学 01）ミネルヴァ書房，2020
年（分担執筆）／『近代日本の人間形成と学校──その系譜をたどる』クレ
ス出版，2013 年（分担執筆）

　　　読者へのメッセージ

　「導入」の対話篇に登場するアオバ先生は，地方大学の教職課程の授業を
通して，学校という難問に挑戦しています。わたしたちの学校経験を手がか
りとして，現在の学校をみつめ，未来の学校のあり方を展望するプロジェク
トに一緒に参加してみませんか。

横井 夏子（よこい なつこ）　　　　　　　担当　第 3, 12 章
作新学院大学女子短期大学部講師

主　著

『道徳教育の批判と創造──社会転換期を拓く』エイデル研究所，2019 年
（分担執筆）

/// 読者へのメッセージ *///*

　「導入」の対話編に登場するキヌガワ先生は，子どもをはじめとする多様な他者について知りたくて，保育者養成の短期大学で奮闘しています。一人静かに考えたり，誰かと一緒に賑やかに考えたりしながら，あなたも一緒に「先生」の仕事に向き合ってみませんか。

Information

▒▒ 各種ツール ▒▒　各章と巻末には以下のツールが収録されています

（章　頭）**Quiz クイズ**……学びへつながるクイズ

　　　　　Answer クイズの答え……Quiz の答えと解説

　　　　　Chapter structure 本章の構成／関連する章……章の概要（大まかな流れと Keywords）と，その章に関連する他の章を確認します

　　　　　Goals 本章の到達目標……章のねらいを確認します

　　　　　Introduction 導入……章の入り口となる問いを示す，日常の一コマを舞台とした対話篇です

（本文中）各章 3 または 4 節構成で，さらに各節は，**講義** と **問い**（それぞれ見開き 2 ページ読み切り）で構成されています

　　　　　講義……教育の思想，学校の歴史，教育の時事問題の概説などを通して，教育学の基礎（理論や重要概念）が学べます（「である調」でコンパクトに解説しました）

　　　　　問い…… **講義** をふまえつつ，各節の主題に関わって，問いを立て，探究するという「教育学的思考」を養います

　　　　　文献にチャレンジ…… **問い** の末尾に，そこでの議論のベースになっている文献を紹介しています

（章　末）***Report assignment* レポート課題**……授業のリアクションペーパーや復習に使える問題です

　　　　　***Further readings* 次に読んでほしい本**

　　　　　***Book/Cinema guide* 読書・映画案内**

（巻　末）**引用・参照文献／資料**……本文中で引用・参考にした文献情報一覧です

　　　　　索　引……重要用語を精選しました

▒▒ ウェブサポートページ ▒▒

　本書での学修をサポートする資料として，本書の各種ツールのほか，本書には掲載していないオリジナルの資料や，講義の補助教材（図版，動画，リンク集等）などを提供していきます。ぜひご活用ください。

https://www.yuhikaku.co.jp/yuhikaku_pr/y-knot/list/20006p/

目　次

第 I 部　概念を鍛える
人間形成の理念・思想

第 **III** 部　これからを教育学する

イラスト　昼間

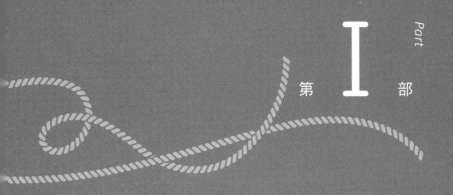

概念を鍛える

人間形成の理念・思想

Chapter

Introduction●第Ⅰ部　概念を鍛える：人間形成の理念・思想

　世の中に溢れる，ちょっと歯が立ちそうにもない教育の難問の数々――これに切り込むには「思考の道具」＝概念が必要です。この部では，思想家・哲学者たちの作品の読み解きに取り組むことで，あなたの教育学的思考の道具（学ぶ，教える，子ども，学校という概念）を鍛えていきます。

参考元図：「アテナイの学堂」（ラファエロ・サンティ画，1509-10 年）

知に恋い焦がれる
学び

第 **1** 章

エロス，イデア，不知の自覚

Quiz クイズ

「有名な哲学者といえば？」

そう問われたなら，多くの人がその名を答えるであろう哲学者，
ソクラテス。彼の哲学は現在も，世界中の人々に思索の手がかり
を与え続けています。さて，そんな絶大な影響力をもつ賢人ソクラ
テスですが，その哲学を後世に伝えるため，彼はいったい何冊く
らいの哲学書を残したでしょうか。

a. 100 冊くらい　**b.** 50 冊くらい　**c.** 5 冊くらい　**d.** 残していない

★本章の学習をサポートするウェブ資料は，右の QR コードより
ご覧いただけます。

Answer クイズの答え

d. 残していない

　ソクラテスは，他者との対話において自分の考えを話すのみであったと
され，自分の哲学をまったく書き残していません。現在「ソクラテスの哲
学」とされるのは，プラトンをはじめとする弟子たちが師ソクラテスの言
葉として書き残しているものです。哲学者といえば，書斎で難しい顔をし
ながら本を書いている印象があるので，少し意外ですね。

Chapter structure　本章の構成／関連する章

[関連する章]

1　学びの秘訣は愛（エロス）
Keywords
不知の自覚／『饗宴』／エロス

2　イデア：その教育学的意味
Keywords
イデア／『国家』／洞窟の比喩

3　探究する虻の話
Keywords
『ソクラテスの弁明』／主体的な学び

第2章
教えること
の思想史

第10章
学力／能力を
教育学する

第3章
子どもが育つ
ということ

Goals　本章の到達目標

1. 自分なりの「理想的な学び」をイメージできる
2. 学びを支えるという教師の仕事について，自分なりのイメージを
もつ

Introduction 導入

「知りたい！」がすべてのはじまり

ナナ　ケイタ

ナナ「いや～お待たせだね，ケイタくん。さっきまで大学院の哲学概論って授業でさ，終わった後に担当の先生と哲学談義で盛り上がっちゃって。はい，叔母さんからあずかった忘れ物」

ケイタ「あ，ありがとう。いや，忘れ物のお届けはありがたいんだけど，なにで先生と盛り上がったって？　哲学？」

ナナ「うん，哲学。先生の話がちょっと矛盾してる気がして，ずっと粘って質問してたのね。そしたら先生，わたしのこと，ソクラテスみたいねって。あはは」

ケイタ「ソクラテス並みの物識りだって，褒められたわけだ」

ナナ「ん～，褒めてもらったといえばたぶんそうだろうけど，『ソクラテスみたいだね』が『知識がたくさんあってすごいね』って意味ってことは，ちょっとないかな」

ケイタ「？」

ナナ「哲学っていうのはね，『愛』なのよ，『愛』」

ケイタ「え～？　なにそれ？　どういう意味？」

ナナ「ん？　知りたい？　知りたい？　うーん，でも，ここでわたしが説明するのも味気ないかなぁ。ケイタくん，教育学概論とってるでしょ？」

ケイタ「うん。いまからその授業の第1回に行くところ」

ナナ「それはナイスタイミング！　じゃあ，わたしの思わせぶりのネタ晴らしは，その授業にお任せかな。『哲学は愛』の意味は，ぜひぜひ自分で確かめてみてね」

「哲学は愛」？　いったいどういう意味？

1 　学びの秘訣は愛（エロス）

講義 古代ギリシアの哲学者

▷ **哲学者に「学び」を学ぶ**　「学ぶこと」「学び」は，教育を語る際の最重要概念の1つである。これをより深くつかむために，古代ギリシアの2人の哲学者に注目してみたい。人類史に残る2人の偉大な哲学者，**ソクラテス**とその弟子**プラトン**である。

▷ **古代ギリシアの民主制**　まずは時代背景を確認しておこう。ソクラテスとプラトンが活躍したのは紀元前5～4世紀の古代ギリシア，有力なポリス（都市国家）の1つアテナイである。大国ペルシアを撃退したアテナイは，前5世紀半ばに**民主制**となり，政治・経済・文化の中心として栄えた。民主制（民主政，デモクラティア）とは，デーモス（人民，民衆）とクラトス（力，支配）の合成語である。当時のアテナイは，王制や貴族制ではなく，市民が広場に集まって演説し，議論して政策を決定していた（民会）。また裁判も原告と被告が対等に弁論を行い，さらに裁判官ではなく一般市民の中から選ばれた裁判員が判決を下していた（民衆裁判）。

　そんな民主制のアテナイでは，相手を説得する言論の能力（**弁論術：レトリケー**）が重視された。そこで人気を博したのが**ソフィスト**である。アテナイの市民たちは，地位や名誉を獲得するため，弁論術を教えるソフィストに群がった。そしてソクラテスとは，そんなソフィストたちに果敢に知の闘いを挑んだ人である。プラトンが対話の形式で著した哲学書（対話篇）には，ソフィスト（見せかけの知を語る権威的な教師）に難題を投げかけ痛快に論破する，彼の師ソクラテスの姿が描かれている。

▭ **ソクラテス**（前 470 頃-399）　アテナイ
の人。父親は石工，母親は産婆だったとされる。
彼の哲学は「対話」であり，街でソフィストと
よばれる人をみつけては「○○とはなんである
か」と問いかけた。その際彼は，自身は答えを
示さず，ただ相手の矛盾を指摘して（論駁，エ
レンコス），相手の「知っている」という「**思い**

ソクラテス

込み」（**ドクサ**）を排し，「知らないものをその通り知らないと思う」
という「**不知の自覚**」（納富 2017）を促した（➡本章 3 節）。

　しかし，そんな真理への誠実な態度は，結果的に人々の恨みを
買った。彼は告発を受け民衆裁判にかけられる。嫌疑は，アテナイ
の伝統的な神を否認し新たな神霊を信仰したこと，またそれを若者
たちに教えて彼らを堕落させたこと。判決は有罪。偉大な哲学者の
人生は刑死によって幕を閉じた。

▭ **プラトン**（前 427-347）　アテナイの名家に生まれる。若い
頃は政治家を志したが，のちに哲学者に転向する。それには，師ソ
クラテスが民衆裁判で死刑となったことが関わっている（➡本章 3
節）。前 387 年頃にはアカデメイアという学園を開き，アリストテ
レスほか多くの弟子を育てた。

　師を敬愛するプラトンは，書を残さなかったソクラテスに代わり，
彼を登場人物とした一連の「ソクラテス対
話篇」を著している。代表作の 1 つ『**饗宴**』
は，愛（エロス）をめぐる哲学物語である。
有名な**イデア論**や**洞窟の比喩**（➡本章 2 節）
が展開される『**国家**』（ポリテイア）は，理
想国家を論じた政治哲学の書であると同時
に，その理想国家を統べる「哲人王」を育
てる道筋を描いた教育論でもある。

プラトン

> 「勉めを強いられるもの」，すなわち，勉強。なるべく避けたい厄介ごとと思うでしょうか。しかし，哲学者に言わせれば，本当の勉強，もとい学びとは，えも言われぬ甘美なものであるようです。ここではプラトンの『饗宴』に，理想的な学びのイメージを探ってみましょう。

▭▶『饗宴』　　プラトンの『饗宴』は，悲劇詩人アガトンに招かれた者たちが，酒を酌み交わしながらギリシア神話の愛の神エロスを讃える演説の出来を競うお話です。**エロス**はギリシャ語で愛を意味する言葉の1つで，エロス神はそれを司ります。出席者たちは，多種多様な愛の素晴らしさを語り，エロス神を賛美します。

　次は主催者アガトンの番です。エロス神を美しい言葉で賛美します。「エロス神は若く美しく有徳な最高の神である。のみならず，この神が生まれたことにより，美を求める欲求（エロス）が生じた。すると神々も人間もこの欲求に突き動かされて活動するようになり，その結果，多くの美しく善いものが生まれた」。

▭▶「思い込み」を砕く　　しかしソクラテスが問いかけます。「きみによれば，エロス神は美しく有徳で，かつ善美のものを求める欲求の神である。しかし，エロス神がなにかを求めるのは，それがまだエロス神自身のものになっていないからだろう。するときみが善美と讃えるエロス神は，じつは美しくも善くもないのでは？」。

　アガトンは自らの「思い込み」（**ドクサ**）を打ち砕かれました。確かに，すでにもっているものであれば欲しがる必要はい。例えば恋愛がまさにそうで，相手がまだ自分のものでないからこそ，人は恋い焦がれます。そしてエロス神が美や善を「欲する」神なら，それはエロスが美しくも善くもないことを意味します。

▭ **善美を欲する精霊エロス**　　ソクラテスは論を進めます。語られたのはエロス出生の物語。曰く，エロスは知恵の女神メーティスの息子ポロスと貧乏神ペニアの子で，神ではなく精霊（ダイモン）である。この精霊エロスは母の性質を受け継ぎ，いつも欠乏と隣り合わせだが，父の性質も受け継ぎ，美しいものや善いものを欲し，そして最も美しいものの1つである知恵を愛し求める者だ，云々。ここで重要なのは，精霊エロスの本質が，「すでに価値あるものを手に入れて満たされている者（神）」ではなく，「満たされていない自分を自覚していて，だからこそ何か価値あるものを愛し求める者である」という点です。そんなエロスの情熱的な振る舞いは，日本語では「恋」のニュアンスに近いかもしれません。

▭ **理想的な学び**　　ここで，『饗宴』という作品に隠された，より核心的なテーマが浮上します。実は『饗宴』は，エロス（性，愛，恋）に関する議論を通して，哲学の本質を語る作品なのです。人はときに，なにかや誰かを情熱的に愛し求めます。そして愛が，（最も美しいものの1つである）**知**（**知恵**）へ向かうとき，それは**哲学**とよばれます。哲学（philosophy）という語が，知（sophia）と愛する（philein）の合成語だという点にも，それは表現されています。

　そして同時に，教育学を学ぶわたしたちは，ここに，理想的な**学び**のイメージという教育学的な宝物をみつけます。わたしたちは，学ぶことを苦役と考えがちです。しかし本来の学びにおいて，人は，まるで思い人を愛し求める人のように，知に恋い焦がれる哲学者のように，夢中になって未知のものに挑みます。学びとは，そんなふうに知を愛し求めることなのです。

┈┈┈┈┈┈┈┈┈┈┈┈┈┈┈┈┈┈┈┈┈┈┈┈┈┈┈
☞ **文献にチャレンジ**
納富信留（2019）『プラトン哲学への旅 —— エロースとは何者か』
　NHK出版
┈┈┈┈┈┈┈┈┈┈┈┈┈┈┈┈┈┈┈┈┈┈┈┈┈┈┈

2 イデア：その教育学的意味

講義 プラトンのイデア論

▷ **イデアとは**　**イデア**の原義は「見られたもの」，ただしプラトンが言うそれは，目という肉体に備わった感覚器官ではなく，**理性**（知性，魂の目）によってのみとらえられる物事の真の姿を意味する。プラトンの『饗宴』（➡本章1節）で，エロス神が求めたのは「美そのもの」（美のイデア）であった。また『パイドン』では，魂によって知られる「正しさそれ自体」「等しさそれ自体」といったイデアが言及される。

▷ **哲学は死の練習**　そんなイデア論の細部に分け入ると，まるでおとぎ話を聞いているような気がしてくる。プラトンによれば，なんとこの現実世界は，永遠不変の**真実在の世界**（イデア界）のゆがんだ影にほかならないという。他方，わたしたちの魂は不死であり，この世界に生まれる前は，真実在の世界にイデアとともにあった。残念ながらわたしたちの魂は，いまはこの現実世界にあって，欲望の源泉である肉体にとらわれているというわけである。

　だから物事の本当の姿（イデア）を求めることは，魂が肉体から解放され（魂の浄化），その魂の本来の場所である真実在の世界に向かうことを意味する。魂の肉体からの解放が真理への道だとするプラトンは，哲学を「死の練習」であるともいう。

▷ **哲人王への道**　『国家』では，究極のイデアである善のイデアが語られる。ここで登場するのが有名な**洞窟の比喩**である。プラトン曰く，わたしたちが住むこの世界は，洞窟の壁に映った影絵のようなものである。しかしわたしたちは，生まれてからずっとその

洞窟（この世界）に縛り付けられているような状態にあるので，それを本当の世界だと思い込んでいる。わたしたちはそうしたとらわれを脱し，魂の目（理性）を洞窟の外の真実在へ向け変え，善のイデアの認識へと歩みださねばならない。そしてプラトンは，この**「向け変え」**の技術こそが教育だという。**教育**とは，視力（理性）を外から植えつけるのではなく，相手がもともともっている魂の目（理性）を正しい方向へ向け変えさせる技なのである。

　ところで『国家』においてプラトンは，政治家や軍人（官僚）ではなく，善のイデアを知る哲学者こそが国を治めるにふさわしいと主張する。そして彼は，そんな哲人王が学ぶべき科目とその順序を語る。第1に音楽・文芸・体育，次に「前奏曲」（補助的な準備科目）すなわち，数と計算，幾何学，立体幾何学，天文学，音楽理論，そして最後にソクラテスが実践していた**哲学的問答法（ディアレクティケー）**という具合である。『国家』はもちろん書名から想像される通り政治学の書なのだが，しかしポリスの政治を担う優れた統治者の育て方を論じるこの本は，その意味では教育学の書でもある。

図 1-1　洞窟の比喩 —— 洞窟の壁に映る影は本当の世界ではない ——————————

2400年前の哲学を学ぶ意味は？

> 「感覚ではとらえられない，○○それ自体」「永遠に変化することのない真の実在」——イデアをめぐる語りはとても抽象的で，どこか神秘的です。それはお話としておもしろく，魅力的ではあるのですが，しかし「これが世界の実相」だといわれてしまうと，信じるのはちょっと難しいことも事実。実際，本職の哲学者にも，イデア論を全部そのまま肯定する人というのは，おそらくいません。そんなイデア論を，いま学ぶ意味はいったいなんでしょう？ それとも，もうこんなものを知る価値はないのでしょうか。

▢▷ なぜ美しい？　　　無価値と断じるのは少しがまんして，なんとか実際にイデア論の論脈をたどりながら，その意義を考えてみましょう。例えば，美しさそのもの，美の本質，すなわち美のイデアについて。わたしたちは日常的に，多くの美しいものを目にします。美しい空，美しい蝶，美しい歌声，美しい友情，美しい数式……しかし空も蝶も歌声も友情も数式も，それら同士はまったく似ていません。にもかかわらずそれらが同じように「美しい」といえるのはなぜなのでしょうか。

　イデア論で考えれば，個々の事物の美しさとは別に，「まさに美であるもの」「美そのもの」すなわち美のイデアがどこかに存在しているということになります。そして美しい空，美しい蝶，美しい歌声，美しい友情，美しい数式は，決して美そのものではありませんが，なんらかの形で美のイデアの似姿になっている。他方でわたしたち人間は，魂の記憶として美のイデアを知っており，美のイデアの似姿としての美しい事物を見ると，そのなかに美のイデアを「想起」する。これが，わたしたちが事物を見て美しいと判断するということのイデア論的な説明です。

ぜんぜん似てないけど，ぜんぶ美しい。
美しいってどういうこと？
美ってなんだ？

▷ **価値ある生き方**　　そんなイデア論による説明に，納得できない人も多いかもしれません。ですがその真偽はともかく，イデア論は，日常を淡々と生きるだけの人生を転換すること，日常の**当たり前**を超越して，その奥にある真理を気にかけ，自分の物の見方や言葉の使い方を吟味しつつ生きるという，価値ある生き方を提示している，ということは強調しておきたいと思います。

　「ああ，美しいな（善いことだな，確かに正しい答えだな）。あれ？ところで美しい（善い，正しい）って，そもそもどういうこと？　わたしはいま，いったいなにを経験したんだろう？」

　日常のなかに埋もれていた，驚くべき謎に気づくこと，その答えを求めて自分自身の知性を発揮すること。イデア論は語り口こそ空想的ですが，その本質においては，ただ漫然と生きるのではなく，物事や自分自身を吟味しながら生きるという，いわば人間の生き方を指し示す哲学です。子どもたちをそんな探究的な生き方に誘うというのが，現代の教師の仕事であるともいえるかもしれません。

┈┈┈┈┈┈┈┈┈┈┈┈┈┈┈┈┈┈┈┈┈┈┈┈┈┈┈┈┈┈┈┈┈┈
☞ **文献にチャレンジ**
中畑正志（2021）『はじめてのプラトン──批判と変革の哲学』講
　談社
┈┈┈┈┈┈┈┈┈┈┈┈┈┈┈┈┈┈┈┈┈┈┈┈┈┈┈┈┈┈┈┈┈┈

3　探究する虻の話

講義　不知の自覚

▷『弁明』のソクラテス　　『ソクラテスの弁明』（以下『弁明』）は，プラトン初期対話篇の傑作である。そしてその『弁明』で示される考えが，「不知の自覚」（一般には「無知の知」とも）である。

　『弁明』の概要はこうである。裁判にかけられたソクラテスは，裁判に集まったアテナイの人々に，彼が告発を受けた原因である，知者（ソフィスト）を論駁して回る活動をはじめた経緯を語る。

　きっかけは，彼の友人（弟子）であるカレイフォンの「この世にソクラテス以上の知恵ある者は存在するか」という問いに対する神殿の巫女からの「彼より知恵ある者は誰もいない」という神託（神のお告げ）であった。それをきいてソクラテスは悩んだ。自分が知恵ある者だとは思えなかったからである。だから彼は，知者の誉れ高い人々と対話を重ね，神託の意味を確かめようとした。結果として知者たちは誰も答えを出すことはできず，むしろ彼に論理の矛盾を指摘されることとなった。

▷「知っている」という思い込み　　ここから逆説的に引き出されるのが，〈自分は真理を知っているとは思っていないが，しかし，本当は真理を知らないにもかかわらず知っていると思い込んでいる人たちに比べて，そんな思い込みにとらわれず，知らないことを知らないと思っている（自覚している）分だけ，彼らよりも知恵ある者である〉という考え，すなわち「不知の自覚」である。「知っている」という思い込みに阻まれないということ，それは真理を求める飽くなき**探究心**（知への愛）の前提をなす。

▭ **虻としてのソクラテス**　　ただし立場を変えてみるならば，こうした探究心は，周囲の人々にとって必ずしも心地よいものではない。むしろソフィストをはじめアテナイの人々は，ソクラテスの問いにことごとく苦汁を飲まされた。飽くなき探究心は，人々の日常生活を支えている暗黙の了解を掘り崩してしまうような，とても不穏でときに危険なものだった。アテナイの人々は，彼の問いの不穏さや危険性に耐えられなくなったからこそ，死刑という判決を下したのである。

　ところで，『弁明』においてソクラテスは，自身を「ポリスという馬にくっついた虻のようなもの」と表現する（図1-2上）。ポリス（都市国家）とは，大きくて血統はよいがちょっとノロマで，虻に目を覚ましてもらう必要がある馬のような存在である。そして自分は虻さながら，人々を目覚めさせるために神につかわされたのだと。

　確かに虻は厄介な虫である。しかしそんな虻がいることで馬が目覚めるというのに，アテナイの人々は，ポリス（馬）にとって有益なソクラテス（虻）を殺すというそんな不合理を，不覚にも選んでしまったのだった（図1-2下）。

図1-2 『弁明』に描かれたポリス（馬）とソクラテス（虻）

> 「不知の自覚」を胸に，知への愛に生きたソクラテス。ソクラテスの純粋な探究心を受けとめきれず殺してしまったアテナイの人々。そんなアテナイの民主制に絶望し，善のイデアを知る哲学者による統治を説いたプラトン。なんともやるせない話です。
>
> そしてこの一連の哲学者たちの物語は，現代の教師のあり方についても，鋭い問いを投げかけているように思います。すなわち，「あなたは，教室のなかの小さなソクラテスにどのように向き合い，なにをすべきか？」という問いです。

▷ **哲学対話の一コマから**　「ぼくたちは，いつも子孫繁栄しないといけないのかな」——哲学対話の実践を手がける哲学研究者の永井玲衣は，13歳の少年がそうつぶやくのを聞きました。「人間」をテーマとした対話のなかで，話が人間の「増えたい」という本能に及んだときのことでした（永井 2021）。

日本をはじめ世界の先進国で，少子化は大きな問題です。子どもが少なくなれば，社会から活気が失われ，税収が減り，さまざまな問題が生じます。減少し続ける出生率をなんとかしなければいけない，そんな主張を新聞やテレビで聞いたことのある人も多いでしょう。あるいは社会の存続云々を抜きにしても，子どもが生まれてくることは，それ自体が喜ばしいという通念があります。それはもちろん，とても大事な考えです。

でも，それがあまりに強調されると苦しい——先ほどの言葉を発した少年の心持ちは，そんな感じだったのかもしれません。「人間の生きる目的が繁殖することなら，すべてが，いまここで話したり，考えたりすること，それもぜんぶ，ぜんぶ無駄になる」。別の生徒たちが声を上げます，「先生！　考えるとむなしくなるから，これは

もうやめよう！」。子どもたちは，自分たちでたどり着いた考えの不穏さ——「増えることが人間の目的なら，その他すべては無意味だ」——に気づき，慄き，哲学をみずからやめてしまいました。

▷ **虻を愛する**　　そもそも**哲学**とは，ときにそうした**不穏さ**を帯びた営みです。先の例でいえば，哲学的に考えることは，生み育てること，増えること，繁栄することという，人々が疑わない喜ばしさの裏面にある不穏さを明らかにします。生きて増えることの称揚が，人々の多様でありうる生き方や価値観を一色に染め上げてしまうかもしれない，という（「産めよ増やせよ」のように）。また，この不穏な事実を口にすること自体も，世の中の「常識」——子どもが生まれることは喜ばしい——を疑ってかかるという意味で，やはり不穏なことかもしれません。ですが，不穏だからと虻（探究心）を殺せば，ソクラテスを殺したアテナイの人々と同じ過ちを犯すことになります。

　子どもはときに，鋭い**問い**を発します。そして「大人になる」とは，そんな根源的な問いを問わなくなることかもしれません。大人になりつつある彼ら彼女らは，自分のなかの虻を殺してしまう。そもそも教師こそが，アテナイの人々さながら，子どもの問い（虻）を殺してしまうこともしばしばです。

　とはいえ，真に「**主体的な学び**」をめざすなら，子どもが社会や教師を忖度して問いをやめてしまうのはいただけません。そして，子どもたちだけでは問い続けられないなら，教師がその問いに応答し，問い返し，彼ら彼女らが問い続けることを支えなければいけない。問われているのは，不穏な羽音を響かせながらやってきて，人びとの心と頭を悩ませる厄介な虻への，教師の愛です。

☞ **文献にチャレンジ**

永井玲衣（2021）『水中の哲学者たち』晶文社

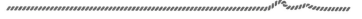

Report assignment レポート課題

本章の内容を振り返って，下記の2つについてそれぞれ200字程度でまとめてみましょう。

① ソクラテスとプラトンの哲学から導かれる，理想の学びとは？
② あなたがこれまでの人生で「夢中になった」といえることはなにか。なにがあなたをそうさせたのか。

Further readings 次に読んでほしい本

伊藤邦武・山内志朗・中島隆博・納富信留責任編集（2020）『世界哲学史 I 古代 I 知恵から愛知へ』筑摩書房
土屋陽介（2019）『僕らの世界を作りかえる哲学の授業』青春出版社
納富信留（2021）『ギリシア哲学史』筑摩書房
廣川洋一（1990）『ギリシア人の教育——教養とはなにか』岩波書店
眞壁宏幹編（2020）『西洋教育思想史』第2版，慶應義塾大学出版会

Book/Cinema guide 読書・映画案内

伊坂幸太郎（2023）『逆ソクラテス』集英社（文庫版）
▶子どもたちは，大人（教師）が思っているよりも，ずっとずっと真摯に誠実に，そしてしなやかにしたたかに生きているのかもしれない——そんな不穏でステキな物語です。小さなソクラテスたちをけっして侮ってはいけないのでした。

教えることの思想史

神の恩寵から人間の技術へ

Quiz クイズ

　明治の知識人たちはしばしば，インド，中国，ギリシア，ユダヤ（ヨーロッパ）の偉大な思想家を 4 人あげて「四聖」とよび讃えました。明治生まれで日本を代表する思想家である和辻哲郎も，そんな「四聖」を讃える一人。彼はこの 4 人を「いついかなる社会の人々であっても，彼らから教えを受けることができる」「人類の教師」ともよんでいます（和辻 1988）。

　さて，「四聖」とも「人類の教師」ともよばれる 4 人，組み合わせとして正しいものを，以下から選んでください。

a. 釈迦，孔子，ソクラテス，イエス
b. 竜樹，孟子，プラトン，パウロ
c. 鳩摩羅什，朱熹，アリストテレス，アウグスティヌス
d. 親鸞，王陽明，イマニュエル・カント，トマス・アクィナス

★本章の学習をサポートするウェブ資料は，右の QR コードよりご覧いただけます。

Answer クイズの答え

a. 釈迦，孔子，ソクラテス，イエス

　和辻はこの 4 人を，その人格と思想が「時の試練」に耐え，世代を超えて人々に影響を与え続けているがゆえに，「人類の教師」とよぶにふさわしい者たちと位置づけます。さらに和辻は，彼らを生んだ文化（インド文化，中国文化，ギリシア文化，ユダヤ文化）が，後の文化の「模範」「教育者」と位置づけられたことも強調します。この 4 人（4 つの文化）を特権化してしまうことに議論の余地はありますが，近代日本における知識人の世界認識として興味深い話です。

Chapter structure　本章の構成／関連する章

[関連する章]

> **1　キリスト教にみる教育**
> Keywords
> 聖書／「内なる教師」

↓

> **2　人間の技術としての教育**
> Keywords
> コメニウス／教育印刷術／『世界図絵』

↓

> **3　3種類の「教える」**
> Keywords
> ヘルバルト／管理・教授・訓育

第 1 章
知に恋い焦がれる学び

第 13 章
テクノロジーを教育学する

Goals　本章の到達目標

1. 「神の恩寵」から「人間の技術」へという「教えることの思想史」から，教育を考えるヒントをつかむ
2. 第1章の「学び」をふまえながら，「教える」ことの理想の形について自分なりのイメージをもつ

Introduction 導入

宗教と教育のいまむかし

ケイタ　ナナ

 ケイタ「ふーん，『人類の教師』ね。釈迦，孔子，ソクラテス，イエス……でも，この前の授業で出てきたソクラテス以外は，みんな宗教の人だね。なんか変な感じ」

ナナ「なんでそれが変なの？」

ケイタ「え？ 宗教と教育は別でしょ？ 教育はなんというか，子どもにいろいろ考えさせるものだけど，宗教は神様とかをただ信じさせるだけっていうか……」

ナナ「うーん，そう単純じゃないと思うよ。確かに，いまの日本の学校には“宗教的中立”の原則があって，だから教師が子どもたちに特定の信仰を押しつけることはできない」

ケイタ「うん」

ナナ「でも，宗教系の私立学校では，道徳科の代わりに宗教の教育が認められてたりする。それはつまり，宗教がもっている『人を育てる力』が，一定の範囲で認められてるってことじゃないかな」

ケイタ「さ，さすが大学院生……なるほど」

ナナ「それにね，いまでこそ教育は世俗化（非宗教化）されてるけど，人類の歴史のほとんどの期間，教育の営みのなかに『神の教えを伝える』みたいなことが入るのは，ごく普通だったはず。そういう意味では，是非はともかく，教育はずっと宗教とともに歩んできたって言ってもいいんじゃないかな」

宗教とともに歩んできた教育？ どういうこと？

1 キリスト教にみる教育

講義 キリスト教の人間理解

　本章のテーマ「**教える**」を扱ううえで，まず強調したいのは，「教えることはとても難しい」という事実である。どれだけ言葉を尽くして説明したところで，その努力は，相手が事柄を理解することを保障したりはしない。この教えることの圧倒的な難しさを伝えるため，ここではまず宗教，とくに**キリスト教**のなかにある教育思想についてみていきたい。

▷ **キリスト教**　　キリスト教は，紀元30年頃北パレスチナに現れたイエスを救い主（キリスト）と認め，その人格と教えを根本とする宗教である。信者は父・子・精霊という3つの位格をもつ唯一神を信仰しており，イエスは神の子とされる。同じ唯一神を信仰するユダヤ教を母体として成立したキリスト教は，ユダヤ教の聖典を旧約聖書と位置づけつつ，そこに1〜2世紀にキリスト教徒たちが書いた文書（新約聖書）を合わせて正典としている。多神教を奉じるローマ帝国下に迫害されるも，392年に国教化。以後，さまざまな教派を生みながら世界宗教となって現在に至っている。

▷ **キリスト教の人間観**　　キリスト教と教育を考えるうえで注目したいのが，**聖書**に描かれる**人間観**である。旧約聖書の創世記によれば，神はみずからに似せて人間をつくり，世界の支配者とした。人間は他の生き物とは異なる特別な「神の像」「神の似姿」であり，最初の人間アダムとイブはあらゆる苦しみと無縁の楽園（エデンの園）で何不自由なく暮らしていた。ここには，**神に愛された存在**という人間の特権的な位置づけが示されている。

しかし，アダムとイブは蛇の誘惑に負け，神の言いつけに背き，知恵の木の実を口にしてしまった。これを「**原罪**」という。この罪によって人間は楽園を追放され，苦労して働きやがて死ぬという運命を背負うことになった。神に愛された存在であった人間は，神の言いつけに背いた罪深い存在に堕してしまったわけである。

▷ **人間の最終目的と真の教師**　　この「失楽園」の物語から導かれるのが，〈失われた神との結びつきをもう一度確立する〉という**人間存在の目的論**である。例えば，西方キリスト教会最大の教父とされるヒッポの**アウグスティヌス**（354-430）の説に耳を傾けてみたい。

　教父とは，ローマ・カトリック教会において「教会の父」を意味する称号で，深い学識をもってキリスト教の信仰理解に大きく貢献した偉大な人物であることを意味する。アウグスティヌスの著作としては『告白』や『神の国』などキリスト教神学の著作が有名だが，彼は『教師論』や『教えの手ほどき』など教育論も著している。その教父アウグスティヌスによれば，人間は，その本来の意志において，最高善であり幸福の根源たる神のもとでの安息を希求しているという（神を求める愛）。もっとも彼によれば，神のもとで安息を得ることは神の「**恩寵**」によってのみ可能なことで，人間はただそれを祈るしかないのではあるが。

　そして，こうしたアウグスティヌスの徹底的な神中心の考え方は，「**真の教師はただ神のみ**」という独特の教育思想につながっていく。それは裏を返せば，人間が人間を教え育てることの限界を語ってもいる。人間に真理を知らせ，正しく導くことができるのは，ただ神（あるいは神の子イエス）のみ——それはキリスト教のうちにあるキリスト教的な教育思想の土台をなす考え方である。

アウグスティヌス

> 「真の教師は神のみ」——こうした宗教的な思想は，そもそも神の存在を信じていない人には理解しにくいかもしれません。しかし，この思想を説く過程であらわれるアウグスティヌスの教育論自体は，現代のわたしたちの素朴な経験とも付合する，とても興味深いものです。1600 年前のキリスト教徒は教育をどのように考えたのか，ここでその一部にふれてみましょう。

　アウグスティヌスはカトリック教会の司教ですが，プラトン（➡1章）の流れを汲む新プラトン学派プロティノス（205-270 頃）の影響を受けたキリスト教神学者です。彼の学習論は**神の照明説**とよばれますが，とても哲学的（プラトン的）です。

▷ **教育は記号によって可能になる**　　アウグスティヌスによれば，教育における**知識伝達**は**記号**（signum）によって行われます。代表的なものは**言葉**（音声）や**文字**ですが，絵やジェスチャーも記号です。これら記号は，それ自体ではなく他のものをさすというはたらきをもちます。例えば，「犬」という漢字は犬の実物ではありませんが，現実に存在する犬（**実在**：res）を指示する記号です。

　そう考えると教育とは，教師が記号を活用して，学習者に実在についての知識を伝達する営みにほかなりません。これはかなり教育の本質に関わることで，実際，記号をまったく使わない教育というのは想像すら難しい。

▷ **記号による教育は不可能？**　　ですが視点を変えてみると，このように記号によって実在を教える／学ぶことが可能というのは，とても不可解なことです。なぜ「犬」という文字（記号）を書いてみせたり，「いぬ (inu)」という音声（記号）を発すると，相手の頭に犬（の実在）についての知識が生じるのでしょうか。「犬」は犬

（の実在）ではなく，黒板に書かれたチョークの線の組み合わせや，教科書に印刷されたインクの染み，教師の喉が発する空気の震えにすぎないのに……。こう注意深く考えると，人間の教師が記号を示すことによって，学習者の頭のなかに知識を生じさせること，すなわち教育は，実は不可能なことのように思われてきます。

▭▷ **内なる教師キリスト**　　もっとも，記号による**教育の不可能性**は，一般的には，学習者がその記号が意味する実在＝実物を見聞きすることによって解消されます。教師の示す犬 inu という文字や音声の意味がわからない人も，生活のなかで犬に出会い，それを inu とよぶ他者の声を聴き，それが「犬」と綴られるさまをみるなかで，記号と実在は自然と結びついてきます。ならば人間の教師の仕事とは，せいぜい，記号という刺激を与えることで人々の自発的な学習を促す程度のこと——とても謙虚な教育論です。

　ですが，それでもなお残される問題があります。先の例にある犬のような実在は見たり聞いたり触ったりできますが，人が学ぶ事柄には，そうしたことができないものもあります。数学的な**真理**や道徳の**観念**，また神もそうでしょう。見たり聞いたり触ったりできない，だから教えることはできそうもないそうした事柄を，いったい人間はどのように学べというのでしょうか。

　この難題を解決するのが，学習者の内奥にある「**内なる真理**」すなわちキリスト（プラトンのイデアに相当）という考え方です。人間は，心のなかの光としての教師キリストに教えられて真理を知る——これが神の照明説です。現代のわたしたちも，教えた覚えのないことを子どもが知っていて驚くことがありますが，古代の教父は，そうした出来事の背後に神の存在をみたのかもしれません。

・・
☞ **文献にチャレンジ**
神門しのぶ（2013）『アウグスティヌスの教育の概念』教友社
・・

2　人間の技術としての教育

講義　コメニウスの教授学

　「真の教師は神のみ」——こうした考え方は，キリスト教徒たちの神への深い信仰の証であると同時に，人間が人間を教えるということの原理的困難を語っている。しかし人間はやがて，そうした困難を克服するための「**教える技術**」を探究しはじめて今日に至る。そうした探究を象徴する人物として，ここではコメニウスという人物に言及したい。

▷ **コメニウスとその時代**　チェコの思想家 **J. A. コメニウス**（1592-1670）は，プロテスタントの先駆である宗教改革者ヤン・フスの流れを汲む，宗教団体チェコ兄弟団の一員であった。ヨーロッパ全土を巻き込んだ三十年戦争（1618-48）下，ハプスブルク率いるカトリック勢に迫害され逃避行を続けたコメニウスが，その途上で著した汎知学と総称される哲学書やいくつかの教育学書は，教育学の歴史に大きな影響を与えた。

　キリスト教神学者であるコメニウスの教育学は，やはりキリスト教的（神学的）である。曰く，人間は神によって神の似姿として造

コメニウス

られ，その目的は神のもとでの幸福である。そのために人間は，あらゆる事柄を知る者となる（**学識**），さまざまな事柄と自分自身を支配する者となる（**徳性**），そしてあらゆるものの源泉である神に自身とあらゆるものを帰する者となる（**敬虔**），という3つの課題の達成が求められる。

▷ **人間教師の教える技術**　　ただしアウグスティヌスと違ってコメニウスは，その神学的な3つの教育目標を，人間の「教える技術」によって達成しようと考えた。彼の主著『大教授学』の副題は「あらゆる人にあらゆる事柄を教授する・普遍的な技法を提示する」であった。ここには明らかに，人間が人間を教えること，そのために特別な技術を構想するという教育学的な思考がある。

　「あらゆる人に」は，年齢，性別，ルーツ，身分，財産の有無によらない**教育保障**の宣言である。そのための工夫の1つが**学校**であった。彼は人生の初期を段階に分け，それぞれにふさわしい学校を提案する。幼児期の「母親の膝」，少年期の「読み書き学校」または「公立母語学校」，青年期の「ラテン語学校」または「ギムナジウム」，若者期の「アカデミア」「外国旅行」という具合である（「あらゆる事柄」については➡次頁 問い ）。

▷ **自由な「学び」を抑圧する一斉教授？**　　またコメニウスは，自身の教授学（教育理論）を**教育印刷術**とよんだ。生徒は紙であり，その精神に教師の声というインクで知識の文字が印刷されるのだという。ちなみに教育印刷術とは，**一斉教授法**のことである。そこには，「あらゆる人に」価値ある知識を平等かつ効率的に伝えるという彼の教育思想が垣間見える。

　コメニウスの教授学は，子どもの自由な「学び」を抑圧する詰め込み教育である――現代の視点からみれば，そのような批判は可能だろう。ただし，人間はそもそも異なっているので，同じように教えられても同じようには育つとは限らない（**教育の不確実性**）。むしろ一斉教授を受けた子どもは，それぞれの意見をもち，互いに批評し合い，相互学習を深め自律的に育つのだという（相馬 2017）。とかく批判される一斉教授法（教育印刷術）だが，少なくともその元祖には，子どもたちの多様性を引き出すという教育的な意図が織り込まれている。

世界初の絵入り教科書にはどんな工夫がある？

> 　実社会では役に立たない退屈な本——教科書にそんな印象をもつ人も，少なくないかもしれません。ですが教育学の観点から眺めれば，それが教えるための工夫にあふれた興味深い本であることがみえてきます。ここでは，世界初の絵入り教科書として名高いコメニウスの『世界図絵』に，その工夫をみてみましょう。

▷『世界図絵』が開く世界　　　『世界図絵』は，コメニウスが「**世界全体**と**言語**のすべての概要」150 項目を分類・列挙した書物です。各項目に挿絵があり，絵のなかの事物には番号がふられ，それぞれに説明がついています。説明はラテン語や他の外国語と母国語の対訳となっており（図 2-1 では省略），学習者は挿絵と合わせて言語を学ぶことができます。

▷ **言葉と世界を教える／学ぶ**　　　文字を，また新しい言語を教えたり学んだりするとき，そこに文章だけではなく絵が添えられてい

図 2-1 『世界図絵』の 113 項目め 「勇気」 ―――――――――――――――――――

勇気[1] は逆境の中で**ライオン**[2] のように勇敢で大胆です。しかし幸福な時でも傲慢ではありません。すべてのものにおいて不変の，**しっかりした支柱**[3] に身を支え，どちらの境遇にも等しい心で耐える準備ができています。
寛容という**盾**[4] で**不幸**の攻撃を防ぎ，そして**勇気**という**剣**[5] で**心の平静**の敵，すなわち欲情を追い払います。

（出所）　コメニウス 1995 を改変。
（注）　原典はラテン語とドイツ語。太字は原典の強調表記を示す。

ることは，大きな助けに違いありません。まだ文字を解さない学習
者は，すでに見知った事物の絵を手がかりにそれを学びます。ラテ
ン語や他の外国語を学ぶときにも，その手がかりは有効です。

　のみならず学習者はこの本から，自然，社会，人間などの事物も
学ぶことになります。『世界図絵』では，具体的な事物はもちろん，
アウグスティヌスならば神に教えてもらうほかないと言うかもしれ
ない，「勇気」のような抽象概念すら，「逆境に立つライオンのよう
な，支柱に支えられゆらぐことのない人物」に擬人化され，わかり
やすく解説されます。これこそまさに，人が物事をうまく学ぶため
に準備された，教えることの工夫といえます。

▷「あらゆる事柄を」　こうした工夫が，『大教授学』の「あら
ゆる人にあらゆる事柄を」という宣言に対応していることは明らか
でしょう。もちろん（「あらゆる人に」はともかく）「あらゆる事柄」，
つまり，この世界の事物すべてを教えることは現実的には不可能で
す。無理してそれを行うことは，いわゆる「詰め込み教育」にもな
りかねません。しかし，この絵入り教科書に通底する「すべての人
に保障すべき**共通の知識**とはなにか」という問題意識そのものは，
現代に引き継ぐ価値のあるものです。

　しばしば教科書は，社会では役に立たない，無意味で退屈な本の
ように言われがちです。ですが少なくともその源流にある『世界図
絵』は，学習者を，人間がともに生きるこの世界に出会わせ，そし
て招き入れるためのさまざまな工夫が凝らされた「扉」でした。そ
れはやはり，現代の教科書や教材がいまなお追い求めるべき理念で
あるように思われます。

☞ **文献にチャレンジ**
コメニウス，J. A.／井ノ口淳三訳（1995）『世界図絵』平凡社

3 3種類の「教える」

講義 ヘルバルトの「教職の科学」

▷ **教育学の誕生**　　**教育の技術**は，近代に入ると，体系化された学問としての性格を確立しはじめる。これが**教育学**のはじまりであり，その立役者の1人が，ドイツの哲学者であり教育学者の**J. F. ヘルバルト**（1776-1841）である。彼は名門イエナ大学で哲学を学んだ後，スイスの有名な教育実践家ペスタロッチ（➡3章）に影響を受けた。彼が体系化した学問としての教育学は多くの追随者を生み，**ヘルバルト派**とよばれる国際的な潮流を生み出した。

　ヘルバルトの課題は，教師個々人の経験にもとづく教育をより確かなものにする「学問（理論）としての教育学」の構築だった。もちろん教育実践には，教師の臨機応変な判断が欠かせない。彼はこうした判断を「**教育的タクト**」と名づけ，「教育技術にとって最高の宝」と表現した。そしてその教育的タクトの獲得を準備し，教職者が教育という領域を探索するための「地図」となる教育学（「**教職の科学としての教育学**」）の構築をめざした。

▷ **「教える」の正体①：管理**　　ヘルバルトは，わたしたちが漠然と「教育」とか「教える」とよぶ行為やプロセスを3つの種類に分けて考えた。すなわち，「**管理**」「**教授**」「**訓育**」である。

　「管理」は，席に座らせる，私語を禁止する，教師の話に耳を傾けさせるなど，秩序を保つはたらきかけである。ただしそれは子どもの成長・発達（陶冶）を目的としないため，厳密には教育ではない。「子ども中心」を掲げる教育（➡6章）の支持者からは批判される「管理」だが，現実の教育では無視できない要素である。

▷ 「**教える**」**の正体②：教授**　　次に「教授」である。教授の目的は，学習者の内面にさまざまな対象についての多面的な興味を喚起することにある。多面的な興味は，1つのことに深く没頭すること（**専心**）と，専心から得られた複数の観念を関連づけ統合すること（**致思**）の繰り返しによって育つ。「教授」は，そうした多面的興味の開発を通じて「**道徳的品性の陶冶**」（後述）への道を開くはたらきかけである。

　なおヘルバルトが「教授」を教師・生徒・教材の3者でとらえる点は注目に値する。一般に教育は，教師が直接的に子どもを教え育てるものとイメージされる。しかし学校の教科学習では，実のところ子どもは教材から学ぶのであり，教える（教授）とは，そうした学習活動を準備し支えることなのである。

▷ 「**教える**」**の正体③：訓育**　　最後は「訓育」である。これは「教授」と同じく，子どもの内面に，状況に左右されず善を志向する意志を形成すること（道徳的品性の陶冶）を目的とする。ただし「教授」が教材を介した間接的はたらきかけなのに対して，「訓育」は教師が直接的に子どもの心情にはたらきかける点が異なる。

　他方，「訓育」と「管理」はともに直接的はたらきかけだが，「管理」は秩序形成・維持を目的とするのに対して，「訓育」は「道徳的品性の陶冶」をめざす。しばしば教育現場では，秩序形成・維持が自己目的化した「管理」が肥大化しがちだが，「訓育」概念はそんな実践の落とし穴を避けるための重要な理念である。

▷ **歴史的なものとしての**「**教える**」　　アウグスティヌスにおいて「神の恩寵」であった教育は，コメニウスにおいて「人間の技術」としてその基本が確立された。ヘルバルトはそうして歴史的に積み上がった技術に「教職の科学」の理論的反省を加えることで，新しい次元へと高めようとした。現代の教育と教育学は，そのような仕方で歴史的かつ批判的に継承されてきた技術と知なのである。

　近年の日本の教育界で，「教える」のは不人気です。「重要なのは『教える』ことではなく，子どもの主体的・能動的で自由な『学び』だ」というわけですが，気になるのは，そうした「学び」の称揚と裏表の，「教える」ことの不要論です。子どもの「学び」が大事だからこそ，ちゃんとした「教える」が必要——そう主張するある教師の言葉に，少しだけ耳を傾けてみましょう。

　大村はま（1906-2005）は中学校の国語教師です。国語科における独自の「**単元学習**」を切り拓き，戦後日本の国語教育のパイオニアの一人ともいわれる人物です。そんな大村は，「**教えること**」にきわめて自覚的な教師でした。著書『教えるということ』（1973年），『新編 教えるということ』（1996年）は現在も読み継がれる有名な教育書です。本節で紹介したいのは，「教え子」の苅谷夏子が，大村，そして教育社会学者の苅谷剛彦とともに大村の実践を語り合った鼎談（『教えることの復権』2003年）です。
^{ていだん}

　なおせっかくですからここでは，先に言及したヘルバルトの概念（管理・訓育・教授）を借りて，大村の教育実践を教育学的に整理してみたいと思います。

▷ **大村の「管理」/「訓育」**　　いつも図書室で行われる大村の授業には，独特の緊張感がありました。背景には，「中学校は大人になる学校である」という大村の考えがありました。「私の言うことは一ぺんで聞きなさい」「わからなければ二度でも三度でも言うけれど，お詫びをしなければ言わない」，そう指導された生徒たちは，大村の話を聞き逃さないよう，配布された大量の資料をなくさないよう，緊張のなかで学習を進めていたといいます。

　それはある面では，教室の秩序を生み出す「管理」です。ただし

それが「大人になってやって悪いことはやめていかないと困るので」という意図のもとにあることをふまえれば，それは「道徳的品性の陶冶」をめざした「訓育」というべきかもしれません。そしていずれにせよ大村は，その意図に即して自分の言動を厳しく吟味するプロフェッショナルでした。「一ぺんで聞きなさい」と言う以上，自分が一ぺんでわかる話をしているか，大村は繰り返し練習し，また自分の話を録音して吟味していたといいます。

▷ **大村の「教授」**　ですが，やはり最も注目すべきは，単元学習を核とした大村の国語の「教授」すなわち**授業**でしょう。単元学習とは，学習者の興味・関心や社会的必要から生じる，さまざまな題材（教材・学習材）を用いた**課題発見・課題解決**の学習活動です。大村はそれを国語科において独自に追究しました。「教授」は**教師・生徒・教材**の3者で成立しますが，大村の実践においても，子どもが教材に自主的に取り組む過程で現れる，言葉や文章の深い理解を伴った学びが印象的です。

　これは明らかに「**学び**」を重視する教育実践だと言えます。そして逆説的ですが，だからこそ大村は「教える」ことにこだわります。それは例えば，大村がつくる**てびき**に象徴されます。子ども主体を謳う指導が，実のところ，なにも説明せず，「自由に話しあいなさい」「まじめにやりなさい」と命令・叱責に終始している例はままあります。そこを大村は，個々の生徒の学習過程を想像しながら，それを支えるてびき（学習のヒント）を準備していました。「教える」とは「学び」の対極ではなく，むしろ「学び」を導き支えるさまざまな技術の総体なのです。

☞ **文献にチャレンジ**
大村はま／苅谷剛彦・苅谷夏子（2003）『教えることの復権』筑摩書房

本章の内容を振り返って，下記の2つについてそれぞれ200字程度でまとめてみましょう。

① アウグスティヌス，コメニウス，ヘルバルト（，大村はま）の言説から，「教えること」の思想の変遷について。

② 〈「学び」を導き支えるものとしての「教える」〉という言い方から，どのような教育がイメージされるか。

*"" **Further readings**　次に読んでほしい本 *""

伊藤邦武・山内志朗・中島隆博・納富信留責任編集（2020）『世界哲学史2 古代Ⅱ 世界哲学の成立と展開』筑摩書房

北詰裕子（2015）『コメニウスの世界観と教育思想』勁草書房

久冨善之（2017）『日本の教師，その12章——困難から希望への途を求めて』新日本出版社

熊井将太（2017）『学級の教授学説史——近代における学級教授の成立と展開』渓水社

ビースタ，G.／上野正道訳（2018）『教えることの再発見』東京大学出版会

*"" **Book/Cinema guide**　読書・映画案内 *""

ディアドラ・ラフテリー／立石弘道訳（2018）『ヴィジュアル版 教師の歴史』図書刊行会
▶教職をめざすということは，古代から現代まで，歴史上連綿と続く教師たちの仕事に連なるということです。絵画や写真に残る教師たちの，教職の喜びと苦悩に，思いを馳せてみませんか。

子どもが育つ
ということ

出会い，遊び，発達

Quiz クイズ

次の文章と著者の組み合わせで，正しいものはどれでしょうか。

① 「わたしはほとんどただ一人朝から晩まで彼らのなかにおった。……彼らとともに泣き，彼らとともに笑った。彼らは世界も忘れ，シュタンツも忘れて，わたしとともにおり，わたしは彼らとともにおった」

② 「自然の秩序のもとでは，人間はみな平等であって，その共通の天職は人間であることだ。……生きること，それがわたしの生徒に教えたいと思っている職業だ」

③ 「いまわれわれの教育に到来しつつある変革は，重力の中心の移動である。……子どもが太陽となり，その周囲を教育の諸々のいとなみが回転する。子どもが中心であり，この中心のまわりに諸々のいとなみが組織される」

a. ①ペスタロッチ，②ルソー，③デューイ
b. ①ルソー，②デューイ，③ペスタロッチ
c. ①デューイ，②ペスタロッチ，③ルソー

★本章の学習をサポートするウェブ資料は，右の QR コードよりご覧いただけます。

Answer クイズの答え

a. ①ペスタロッチ『シュタンツだより』，②ルソー
『エミール』，③デューイ『学校と社会』

ペスタロッチ

スイスの教育家 J. H. ペスタロッチ（1746–
1827）は，政治改革による環境改善が人間形成
に及ぼす影響に関心があり，児童支援施設を経営
しました。「曖昧な直観」から「明晰な概念」へ
と導く「自然の歩み」に沿った教授法メトーデを
構想し，先に実物（直観）を経験させ，後に知識
（概念）を与えるという学習段階の系列化を試み
ました（②ルソーについては➡3章，③デューイについては➡4章）。

Chapter structure 本章の構成／関連する章

［関連する章］

```
1  子どもという存在
Keywords
子ども観／素質対経験／子育ての社会化
```

```
2  子どもの自己形成を支える方法
Keywords
メトーデ／象徴主義／遊び活動／恩物／個人性
```

```
3  子どもの育ちへのまなざし
Keywords
認知発達／学習／認知的葛藤／シェマ／
最近接領域／レディネス
```

第4章
学校という難問

第2章
教える
ことの
思想史

第1章
知に恋い焦がれる学び

Goals 本章の到達目標

1. さまざまな子ども観について知る
2. 子どもの姿を，発達の観点から捉えることができる

Introduction 導入

子どもを観察してみよう

キヌガワ先生　男の子A　男の子B

　キヌガワ先生が乗り合わせたバスで耳にした，下校途中らしき小学校低学年くらいの男の子たちのグループの会話です。

 A「サンタクロースってどうやって家に入ってくるのかな？」

 B「君，まだ知らないの？　あれは嘘で，プレゼントは親が買ってくれてるんだよ」

 A「え，まだそんなこと言ってんの？　あれは，親がサンタさんに頼んで，持ってきてもらうんだよ」

（Bは驚くも，徐々にAの説がグループの共通理解となる）

 B「サンタさんって，なんでみんなおじいさんなのかな？」

と発展し，サンタのおばあさんやお父さん，お母さんに子どももいるに違いないとか，みんな毎日やることがある，お父さんはサンタ会社に，子どもはサンタ小学校に通っているだろうと話が続く。

 A「あ，そうか。おじいさんのサンタだけがバイトで雇われてるんだよ。それでサンタクロースになってるんだ」

　こんなやりとりを聞きながら，キヌガワ先生，笑いをこらえるやら感心するやらで，大忙しです。子どもにはできるだけ真実を教えなければならない（誤りは正すべきだ）と考えることもできます。いやいや，いつかは気づくのだからもう少しこのまま見守るのもよかろう（そもそも，見知らぬ大人が安易に声をかけると警戒させてしまう）という意見もあります。それにしても，子どもの想像力や思考力はたくましいなと，頼もしく思うキヌガワ先生なのでした。

（加用 1990 を改変）

大人（世界）は子どもをどうみてきたか？

1 子どもという存在
ロックとルソー

講義 子どもの「発見」と教育

　教育が広く人間を形成する営みであるということは，現代社会ではなじみ深い。しかし，子どもをどのような存在としてとらえるかという観点（**子ども観**）は一様ではなく，したがって教育の理念や方法などが古くから，広く共有されていたとは言い難い。人々の子ども観に大きな影響を与えた人物として，ロックとルソーを紹介する。

ロック

　▷ **ロック：生後の経験がすべて**　　17 世紀イギリスの政治思想家 **J. ロック**（1632-1704）は，子どもの心が「文字がまったく書かれていない白紙（**タブラ・ラサ**）」であり，人間の能力や道徳性などは，すべて生後の**経験**によって獲得されると考えた。子どもが外部からの影響によって形づくられるのであれば，生育環境が重要になる。ロックは『教育に関する考察』（1693）のなかで，有徳で勤勉な実業家として未来のジェントルマン（紳士）を育てる家庭教育を説いた。

　ただし，この論考はもっぱら，教育力がある（と彼が考えた）家庭のしつけについて述べられたもので，晩年には，教育力がない（と彼が考えた）貧民家庭の子どものための労働学校を構想していた。

　▷ **ルソー：生まれつき備わった素質**　　一方，**J.-J. ルソー**（1712-78）は，身分にかかわらず子どもは生まれつき道徳観をもった，いわば「高貴なる野人」であると考えた。ルソーによれば，当時の社

会には誤謬や悪徳がはびこっており，とりわけ上流階級家庭の生活は堕落していた。放っておくと，子ども自身も堕落してしまうため，そうした社会から子どもを遠ざけるという消極的なやり方で，子どもの善良な魂を守らなければならない。ゆえに，子どもが「**理性の年齢**」(12歳頃) に達するまでの間，教師は

ルソー

子どもをよく観察し，肉体を鍛錬して，幼年期を成熟させねばならないと考えた。ルソーは，(現代風にいえば) 小児医学と発達生理学をベースに，子どもの**自然**な成長力や活動性に従った，適切な環境で訓練されるような教育が必要だとしたのである。

　生徒エミールの乳幼児期から青年期までの成長を教師の目でたどった『**エミール**』(1762) では，実生活の事象と結びつけながら，子どもの知的好奇心を涵養する教育が展開された。刊行後，18世紀後半の上流階級では，**子どもを中心**とした家族や母性賛美などが流行した。ルソーによって，子どもが人間形成のなかの特別な時期を生きる存在として改めて「発見」され，子ども観が大きく転換したとされる。

▷ **子ども観と発達観への影響**　　子ども期を特別な時期とみなすロックやルソーらの理解を契機に，乳幼児期からの子どもの育ちのありようをつかむことを志向する教育思想が展開されていった。また，子どもを保護 (ケア)・教育される対象とみなしたことで，その子どもを囲い込む装置としての**学校**が発展していくことにもつながった (➡4章)。

　19世紀以降に盛んになっていった子どもの発達に関する諸研究では，ロックとルソーの主張は真っ向から対立するものとして再解釈されており，発達心理学の大きなテーマである「**素質 (遺伝) 説対 経験 (環境) 説**」の図式の起源ともいわれる (大芦 2016)。

すべての子どもの「子ども期」を支えるには？

> 子どもを，乳幼児期を過ぎても一定の期間は保護され教育を受けることが必要な存在とみなすことは，子ども期の処遇という論点と結びつきます。どのように「子ども期」を支えるべきか，そして，誰が／なにがその責任を負っているのでしょうか。

▷ **子育て支援の現状**　　将来の社会をつくり支える子どもたちの育ちには，社会全体が責任を負うべきだという考え方を，**子育ての社会化**と表現します。これは，あらゆる子どもが「子ども期」を生きることを，社会が支えるということを意味しています。

　ところが，子育ての社会化論においても，戦後日本の子ども中心主義（➡4章）や性別役割分業の広がり以来，養育を担うのは家族であり，子どもが育つ最善の場は**家庭**であるべきだとされてきました。**子どもの最善の利益**を保障するためには，安定した環境で特定の大人が一定期間にわたって養育を担うことが肝要であるという観点から，児童福祉法やこども基本法においても，子育ての「第一義的責任」は**親**（保護者）にあることが明示されています。

　子ども期を支えるための諸政策も，子育てを担う家族への支援をいかに充実させるかという視点で議論が進められがちです。

▷ **「家族」からこぼれ落ちた子どもへの支援**　　しかし，家族への支援だけでは，すべての子どもの育ちを十分に保障できません。現実には，死別や被虐待などによって，養育を担う家族がいない子ども（要保護児童）もいるからです。すべての子どもを漏れなく支援するためには，子育て家族への支援に加えて，家族に代わって一定期間／恒久的に子どもを養育する社会的養護についても充実させる必要があります。

　社会的養護のなかでも（最も数が多い）施設による養育には，複

数のメンバーが集うことによる強みがあります。例えば，集団のなかでさまざまに交流できることは，子どもの社会性の発達を促すといった側面があるでしょう。また，施設に日常的に複数のケアラー（職員）がいることで，子どもに対してケアラーが集団で対処でき，ケアラーのバーンアウトの予防にもつながります。

　一方で，子どもに対して職員の数や設備が少ないなど，一人ひとりの子どもへのケアが十分にできない恐れがあります。そこで，家庭を理想的なケア環境のモデルとし，施設の規模を縮小し，代替家族をめざすことを推し進める方針が立てられました。しかし，小規模化（家庭化）には，先に述べた，複数のメンバーが集うという施設養護の強みが失われてしまうという問題があります。

▷　**支援のその後の課題**　　さらに，要保護児童がもとの家庭に復帰する際には，子どもと家庭の双方にさまざまな困難があります。また，日本の社会的養護は，「最大20歳まで，家族に問題がある限りにおいて面倒をみる」が，それ以降は自力で生きることを個人に要求する制度設計になっているため，自立する際も，その後の生活基盤が脆弱であり，社会的支援も少ないことが，大きな障壁となります。

　あらゆる子どもが安定した生活基盤の上に自立できるよう，子育てに関わる家族以外のアクターを増やす「社会化」をめざすなど，家族だけに依存しないで済むような社会的条件（制度や考え方など）を整えることが，社会の果たすべき責任だといえるでしょう。

☞ **文献にチャレンジ**

藤間公太（2017）『代替養育の社会学 —— 施設養護から〈脱家族化〉を問う』晃洋書房

2 子どもの自己形成を支える方法
フレーベルと倉橋惣三

講義 自ら育とうとする存在への援助

▷ **遊びを通した発達へのまなざし**　ルソーから大きな影響を受けた **F. W. A. フレーベル**（1782-1852）は，ペスタロッチ（➡本章 Answer）に師事し，自らも教師として**メトーデ**（die Methode）を体験した。しかし，構想こそ魅力的だったが，実際のメトーデは子どもの発達の道筋を規定してしまっており，学習を機械的な教え込みにしてしまっていると批判するに至った。教育の方法は教育の目的から導出されねばならないとして，教育の目的を根拠づける，人間の使命と本質の実現についての理論を唱えたのである。

　フレーベルによれば，人間に限らず世界のあらゆる事物には神的な本質が備わっており，それを表出することが使命として課されている（**象徴主義**）。なかでも人間は，自ら思考し判断することができる存在だからこそ，自己の本質を自覚し自由な判断で本質が実現するよう努めなければならない。よって「教育は，……決して命令的，規定的，干渉的であってはならない」（『人間の教育』1826）として，

フレーベル

表現の教育と認識の教育を志向した。

　表現の教育では，幼児期の子どもの活動衝動を発揮する時期を，**遊び**の時期として位置づけ，遊び活動を保護し指導することが重視された。また，認識の教育は，特定の目的に向けた作業活動への熱中（**専心**）や諸現象の多様性の気づきなどへと認識が広がってきた

児童期以降に指導するもので，人間教育の中心的な課題とされた。

フレーベルは，幼児期の子どもの**遊び活動**（遊戯）を指導するにあたり，知識教材による教え込みではなく，**恩物**（die Gabe）とよばれる遊具・教具を開発した。恩物は，自然の法則を抽象化した球や立方体，紐，板，棒などで成り立つ，幼児が手でつかむことができる大きさの道具である。彼は自らの遊戯理論において，恩物を使って遊ぶことで，身体的・精神的・社会的な諸能力が発達すると説明した。また，遊戯指導員の養成施設をつくり，その実習および模範施設として，1840年以降に**キンダーガルテン**（Kindergarten）とよばれるようになった世界初の**幼稚園**を設立した。フレーベルの思想は，遊びを通した発達という幼児教育の基本として伝播していくが，象徴主義は批判的に検討されることとなった。

▷ **日本における幼児教育の契機**　日本の幼稚園のはじまりは，1876年設立の東京女子師範学校附属幼稚園（現お茶の水女子大学附属幼稚園）とされる。保育の内容は，フレーベルの恩物を中心に定められた。当初の幼児教育のイメージは，遊びと**準備教育**の両側面が混在していたが，制度化（1899年の「幼稚園保育及設備規程」）の際，自由遊びが重視されることとなった。

日本の幼児教育を特徴づけた一人に**倉橋惣三**（1882-1955）がいる。倉橋はフレーベルの象徴主義と恩物による教育を批判する一方で，幼児の**自己活動**を重視し，遊戯による教育を考案したことを評価した。「真の教育は此の現実な個別的な一人一人が対象とせられなければならない」（『幼稚園雑草』1926年)，すなわち，能力や到達度における個人差としての「個性」ではなく，かけがえのない存在の「**個人性**」として，集団のなかにいる個別具体的な子どもの姿を把握することを重視したのである。

倉橋惣三

　ところで遊びは，いつ，どこではじまって，誰が参加し，どんな展開・発展があって，どうやって終わるのでしょうか。一般的に，これらのことは遊び手の**自由**にゆだねられていると考えられます。とりわけ，保育の現場では，遊び手が自発的に遊ぶことが前提となり，子どもの自由を尊重する援助のあり方が模索されます。

　確かに，子どもが自発的に活動するには，ある程度の自由が必要です。ところで，遊び手が自由に遊んでいると思っているとき，そこではいったいどんなことが起こっているのでしょうか。

次の文章は，ある保育者からの手紙の一部です。

　サッカーをやってたのです。

　一方のチームが点ばかり取られてベタ負けで，ヤケクソになっていて，そのうち「ゴールを守れ！」ってことになって，ゴールの前に並んじゃったんですね。

　これじゃ，てんで，ゲームが成り立たないわけで，相手チームもうんざり。

　そのとき，克ちゃん（勝ってるチーム）がボールをセットして叫びました。「グランドボール。第一球！」（地域のボーリング場の名前）

　けった球がボカボカと二人の足にあたったら，なんと，その二人，ボーリングのピンになって，ちゃんと倒れてくれたのです。

　そして，サッカーは，ボーリングゲームに変わりました。見てた保母二人で大笑い。

　「チームメンバーを替えたら？　なんて，いわないでよかったね」って。　　　　　　　　　　　　　　　　　　　　　（加用 1990）

　子どもたちのアイデアによって，遊びがサッカーからボーリングへと変化（発展）する様子が描かれています。

▷ **遊びは自由**　遊びというのは，一時的なもの。楽しむことが

重視されるが，ときに哀しくつらいもの。傍観者からは無意味にすら感じられるもの。本気とうそのはざま，メルヘンと科学の境界を行き来するもの。気持ちのゆとりや，機械などの間の余裕をさすこともあります。人間の生活に遊びが必要だということは，多くの人が賛同するのではないでしょうか。とくに保育の領域では，遊びの意義や援助の方法についても，重点的に取り扱われます。

▷ **遊びの主導権は誰のもの？** 現象学者の **H.-G. ガダマー**（1900-2002）は，遊び手の意識よりも，遊びのほうが優位だと考える独特な観点から論じています。ガダマーにとっては，遊び手が自由かどうかという遊び手の**主観**（**主体性**）はさほど重要ではなく，遊び自体（つまり，行ったり来たりする運動）が遊

ガダマー

びの主導権を握っていることのほうに，遊びの本質があるという考え方です。このとき遊び手は，自分がしていることが遊びであることはわかっているけれど，自分がそこでわかっていることが何であるのかはわかっていません。なにが／誰がその運動（遊び）を行っているかは問題にならず，「遊ぶ者を通じて遊びが現われるにすぎない」というのです。

例えば，鬼ごっこに**専心**している子どもが，おやつの時間だとわかっている（おやつを食べに行きたいと思っている）のに，（楽しくて）遊びをやめられないという状況。

遊ぶということは，同時に遊ばれるということでもあるのです。

・・

☞ **文献にチャレンジ**

ガダマー，H.-G.／轡田収・麻生建・三島憲一・北川東子・我田広之・大石紀一郎訳（2012）『真理と方法 I 哲学的解釈学の要綱』新装版，法政大学出版局

3　子どもの育ちへのまなざし

講義　概説・発達理論

　子どもへの関心の高まりは，科学的な児童・発達研究へと展開し，19世紀末頃から**児童心理学**が確立していった。この節では，発達研究のモデルを提示し，現代の子ども観に大きな影響を与えた主要な**発達理論**を概観する。

ピアジェ

⬜▷ **ピアジェ**　J. ピアジェ（1896-1980）の**認知発達理論**は，子どもが**世界の認識**を形成する際の能動性に着目し，発達を質的な変化としてとらえた。子どもは，環境のなかで未知の事物と出会うとき，**認知的葛藤**（自身のもっている**認知の枠組み**〔**シェマ**〕とのズレや矛盾による混乱）を感じることがしばしばある。

そのとき子どもの頭のなかでは，環境にある新しい情報について，自分の枠組みに合わせた理解（**同化**）や，既存の枠組みの作り替え（**調節**）が試みられる。発達段階に応じて，同化と調節を繰り返しながら，外界の認識の仕方を安定させていく**均衡化**が図られる。

　ピアジェは，生物学や数学，論理学など広い領域への関心をもとに，発達という時間的な変化をふまえて，人の認識の仕組みを明らかにしようと試みた。

⬜▷ **ヴィゴツキー**　子どもが生きる世界の文脈のなかで，発達をとらえようとする動きもあった。L. S. ヴィゴツキー（1896-1934）は，人間の心的機能が社会的に決定された客観的活動によって形成されるとした。すなわち，学習が**社会的・文化的・歴史的**に構成される

ことに鑑みて，心的機能の発達における**他者との関わり**を重視するのである。

ヴィゴツキー

　彼は，援助や協同による活動における他者（教師やより上の水準にある仲間）の役割に意義を見出した。子どもが自力で解決できる水準と自力では解決できない（少し上の）水準との間の領域を，発達の「**最近接領域**」とよび，他者がはたらきかけること（援助，解決モデルの提示など）によって，子ども自身が解決できる水準が上がることを説明したのである。

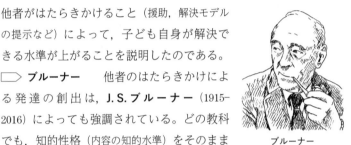

ブルーナー

▭▷ **ブルーナー**　他者のはたらきかけによる発達の創出は，J. S. ブルーナー（1915-2016）によっても強調されている。どの教科でも，知的性格（内容の知的水準）をそのままに保って，どの発達段階の子どもにも効果的に教えることができるという**ブルーナー仮説**は，学習の**レディネス**（ある学習指導や訓練が有効にはたらく程度に，学習者が成熟して準備の整った状態になること）を創ることができることをも意味する。ブルーナーは，教授・学習方法を工夫することの重要性を主張し，教師の**主体的なはたらきかけ**の可能性を拓いたとされている。

　子どもの学びと育ちについての考え方やアプローチの方法などは，こうした諸研究の成果に大いに拠っている。子どもの学習を指導・支援するにあたって，発達段階を考慮に入れることは不可避であり，その上で試行錯誤しながら教育・保育を実践していく教師・保育者自身もまた，学び育つ学習者といえるだろう。

問い 子どもが「発達する」姿って？

　発達という言葉は，内にあるものが花開いていく，育ちの様子を表しています。端的に「できなかったことができるようになった」や「わかっていた（つもりの）ことが，あらためて納得できた」ような飛躍だけでなく，「わかっていると思ったのに，わからなくなった」や「昨日はできた（覚えていた）けれど，今日はまたできなくなった（忘れた）」なども，事例として示されたりします。

　発達は，一直線にできる・わかるようになるということではなく，「失敗」や「誤り」，「遠回り」にもみえるような道筋を通る，さまざまな逆説（パラドックス）を含んだものといえます。

▭ **子どものほうが，大人よりも論理的？**　　よくある「子ども語」の上位に，「死む」「死まない」「死めば」という活用があります。これは，現代の日本語で，ナ行の五段活用動詞が「死ぬ」だけであることに起因するのではないかと，言語学でいわれています。マ行動詞とナ行動詞は，ともに活用語尾に「ん」が入る（例えば，飲んだ，読んだ，死んだ）ため，子どもは，マ行動詞から規則を類推し，ナ行動詞に当てはめていると考えられるのです。

　つまり子どもは，実際に聞いたことのない表現でも，その性質を類推し，その時点で身に付いている規則を適用して，使える表現を増やしているということになります。その過程で，実際には使われていないところまで規則を拡大解釈していく**過剰一般化**が起こっていたというわけです。

　このように，大人は「誤り」だと思ってしまうようなことにも，子どもが自分なりに既知の規則を合理的に応用している姿を見出すことができます。

▭ **試行錯誤し，自ら学ぶ**　　過剰一般化の修正については，2～3

48　第I部　概念を鍛える

歳児の興味深い事例もあります。

> 子「お兄ちゃんきないね」
> 母「うん，こないね」
> 子「えっ，〔『きない』というのではなくて〕『こない』の？」
> 母「うん，『きた』っていうけど，『こない』なんだよねえ」
> 子「あっ，お兄ちゃん，こたよ！」　　　　　　（広瀬，2017 を改変）

　ここでは，子が正しい表現に関心を寄せており，それに応えて，母が正しい表現を説明しています。その説明を受けて，「きない」を「こない」に修正することができました。ところが，説明を聞き修正ができた子は，「こない」なら「こた」ともいうだろうという，自分のなかにある規則に従って推論し，「きた」も「こた」と表現しています。

　子どもが大人の発言をもとに学習していることは間違いありませんが，どれを参考にしてどれを参考にしないのかという区別や判断の基準などは明らかにされていません。こうした言い間違いや「ちょっと合ってるけどなんか違う」と大人が感じる場面は，動詞の活用だけでなく，単語の区切りや語の指し示す意味内容，婉曲表現など，子どもが発するさまざまな言葉で観察されています。

　子どもたちは，論理的に考え柔軟に微調整することを繰り返し，覚えた規則を編み直しながら言語を使っている言語学者なのです。

　言語に限ったことではありません。**試行錯誤**を繰り返し，成功例と失敗例を積み上げながら，次の問いを立てて学んでいく姿は，まさに哲学者そのものです。

☞ **文献にチャレンジ**
広瀬友紀（2017）『ちいさい言語学者の冒険 —— 子どもに学ぶことばの秘密』岩波書店

Report assignment レポート課題

本章の内容を振り返って，下記についてそれぞれ200字程度でまとめてみましょう。

① 子どもと発達について，現代に通じる考え方にはどのようなものがあるか。

② 発達する存在として子どもをとらえたとき，教師や保育者として，どのような援助をすべきだろうか。具体的な場面を1つイメージしてまとめよう。

Further readings 次に読んでほしい本

メイヤロフ，M.／田村真・向野宣之訳（1987）『ケアの本質――生きることの意味』ゆみる出版

元森絵里子・高橋靖幸・土屋敦・貞包英之（2021）『多様な子どもの近代――稼ぐ・貰われる・消費する年少者たち』青弓社

森博俊・大高一夫・横尾澄子・天沼陽子編（2018）『障がいをもつ子どもを理解することから』群青社

Book/Cinema guide 読書・映画案内

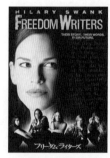

© 2006 by Paramount Pictures. All Rights Reserved. TM, R & © 2007 by Paramount Pictures. All Rights Reserved.

『フリーダム・ライターズ』（原題 The Freedom Writers Diary）（ラグラヴェネーズ，R. 監督，2007年）

▶1990年代のロサンゼルス暴動直後にウィルソン高校に赴任した，新人英語教師エリン・グルーウェルの教育実践が描かれています。ベストセラーとなった同名のノンフィクション小説を映画化した作品です。

　人種間の激しい対立のなかで，生徒の綴る日記を介して育ちあう教師や生徒の姿から，子ども理解のヒントが得られるかもしれません。

学校という難問

改革と批判の哲学

Quiz クイズ

学校（school）の語源としてのスコレ（skholē）。その意味は？

a. 余暇　**b.** 感動　**c.** 準備　**d.** 強制

★本章の学習をサポートするウェブ資料は，右の QR コードより
ご覧いただけます。

Answer クイズの答え

a. 余暇

　ギリシア語のスコレ（skholē）は余暇を意味します。私たちにとって学校は，どちらかというと将来のための準備，勉強が強いられる場所という印象が強いはずです。せわしない＝将来の準備の場としての学校と，ゆったりとした＝余暇の場としての学校。私たちが自ら知を求め，心動かされる経験を得るためには，なにが必要なのでしょうか。

Chapter structure 本章の構成／関連する章

[関連する章]

本章の構成	関連する章
1　近代学校の誕生 Keywords 近代学校／学校の目的と機能	第5章 日本における近代学校のはじまり ／ 第2章 教えることの思想史
2　学校改革の思想 Keywords 仕事（occupation）／PBL／新教育	第3章 子どもが育つということ ／ 第10章 学力／能力を教育学する
3　近代学校批判の論理 Keywords 規律権力／学校化（社会）／シャドウワーク	第8章 成長する経済，そのとき若者は

Goals 本章の到達目標

1. 近代学校の目的や機能について，その誕生の背景をもとにして理解する
2. 現代に連なる学校改革の思想と歴史について理解するとともに，近代学校批判，新教育批判に対する一定の見解をもつ

Introduction 導入

あなたの学校観診断「学校はまるで……でした」

アオバ先生

　ここは，とある地方大学の教職課程科目，教育学概論の一コマ。

　講義室のスクリーンに「学校はまるで監獄でした」というフレーズが映る。突然のことで受講生たちはザワザワしているが，新任のアオバ先生はまったく気にすることなくプリントを配りはじめた。

【あなたの学校観診断】
　各自の学校経験をもとに，空欄に言葉を埋めなさい。
　学校はまるで _____ でした。

　受講生 100 名弱のクラス。プリントが全員に行き渡ったのをみて，アオバ先生は語りはじめる。

 アオバ先生「今日の講義のテーマは，あなたの学校観診断です。受講生各々の学校イメージを共有し，分析してみましょう。まずは各自で，プリントの空欄を埋めてください」

　学生たちはさまざまな言葉を使って，学校を表現していく。

　　「学校はまるで工場でした」

　　「学校はまるでもう 1 つの家でした」

　　「学校はまるで軍隊でした」

　　「学校はまるで天国と地獄でした」

　　「学校はまるで遊園地でした」

　少し時間をおいてから，アオバ先生はよびかけた。

 アオバ先生「では，なぜそのような言葉を選んだのかについて，グループのメンバーに説明してみましょう。そのあと，グループメンバー全員で，各自の学校イメージを分析していきます。あなたの学校観診断，スタートです!!」

学校はどのような場所なのか？

1 近代学校の誕生

講義 学校とはなにか？

　わたしたちが**学校**とよぶ場所とは，いかなる目的から生まれ，今日に至っているのか。その起源を考えるにあたって，ここでは，イギリスの近代学校の系譜に沿って，**公教育学校＝近代学校**の３つの性格について確認する。

▷ **日常生活を営むための学校**　　17世紀から19世紀初頭にかけてのイギリス社会では，高齢の未婚女性や寡婦が自宅を開放し，隣近所の子どもたちに読み書き算を教えていた。ここでは（写真）のように子どもたち一人ひとりを傍らに呼び寄せ，そこで読み書き算を教えるといったようなスタイルがとられた。とはいえ，そこで教えられる内容は決められたものではなく，ときには裁縫や刺繍など**日常生活**の手伝いをさせることもあったといわれている。

　デイム・スクール（dame school：「おばさん学校」）とよばれるこのような学校では，暮らしのあらゆるものが「教材」であり，あらゆ

る場所が「教室」であった。しかし19世紀に入り，公教育学校がイギリス社会に広がりをみせるなかで消失していった。

デイム・スクール（写真提供 ユニフォトプレス）

▭ **劣悪な環境から子どもたちを守るための学校**　産業革命後の18世紀末のイギリスでは，子どもたちが家計の担い手として工場で働いている状況（児童労働）が問題となった。それに対して，子どもたちを劣悪な環境から守らなければならない，というボランタリズムの精神をもとに慈善団体や宗教団体が設置したのが，**慈善学校**（charity school）である。労働者の保護，児童労働の制限を目的とする工場法の制定（1802年）にも影響を与えた同校は，衣服の提供を行うなど，教育施設というよりも福祉施設に近い取り組みが行われており，現代的にいえば貧困対策事業といえる内容を有するものであった。

▭ **秩序ある社会の一員を育てるための学校**　同じく18世紀末のイギリスでは，子どもたちに対して**効率的な教育**を提供すること，謙虚・勤勉をはじめとする秩序意識を形成することが課題となっていた。その方法として広がりをみせたのが，A. ベルや J. ランカスターによる**モニトリアル・システム**である（下図）。モニトリアル・システムとは，成績優秀な生徒は，教師の補助役（助教：モニター）として他の生徒の指導を担うという，2段階の能力別集団編成による指導体制のことである。できるだけ多くの子どもたちを1つの空間に集めて効率的な学習を進めるためのシステムであり，そこで教師は子どもたちが真面目に勉強に取り組んでいるのかを監視し，競争を促し，賞罰を通して管理を行うことで，秩序ある集団をつくろうとしたのである。

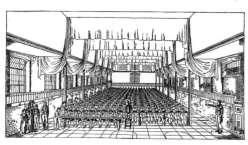

モニトリアル・システム

（出所）　Cubberley 1920.

問い 学校はなぜ大切なのか？

本節 **講義** では公教育（学校）の起源（その目的や機能）について
学びましたが，一方で「学校に行くことに意味があるのか」「学校
で学ぶ知識より世の中での経験のほうが大事なのではないか」と
いったことを考えたり，感じたりしたことはないでしょうか。この
ような学校の語り方は，実体験にもとづくものとして説得力があり
ます。それに対して，学校の意義について説明することは，意外と
難しいように思われます。「学校はなぜ大切なのか」について，ど
のように説明しますか。

▭ **教育基本法における学校の目的**　　ここではまず，公教育の目
的について定めた，**教育基本法**の１条を確認してみます。

> 教育は，人格の完成を目指し，平和で民主的な国家及び社会の形
> 成者として必要な資質を備えた心身ともに健康な国民の育成を期し
> て行われなければならない。

公教育の目的には「人格の完成」「平和で民主的な国家及び社会
の形成者」「心身ともに健康な国民の育成」の３つがあると挙げら
れています。これらをもとに学校で学ぶことの意義を考えてみます。

まず**人格の完成**についてです。学校教育では，知識を身につけさ
せることだけが目的になってはならず，社会が求める既存の価値観
を形成していくことだけが目的になってもいけない。個々人のもつ
力を最大限かつ全体として育むことが「人格の完成」をめざす，と
いうことになります。

次に**平和で民主的な国家及び社会の形成者**についてです。ここで
は「形成者」ということばが用いられていることが重要です。学校
教育の目的は「国家の担い手を育てる」ことや「社会に適応する」

ことに限定されてはならず，一人ひとりが未来の国のあり方を考え，社会をつくる主人公として生きていくことを支えることにある，ということになります。

　最後に**心身ともに健康な国民の育成**についてです。先に述べた2つの目的を達成するためには，健やかな心身の育ちを保障することが欠かせません。とくに子どもに関しては，成人と比して自らを守ることが困難であり，まわりの大人たちが成長・発達を支え，見守る責任があります。学校に保健室があって養護教諭がいることや，給食の時間があって栄養教諭がいることなどは，この目的によるものといえます。

▷ **学校の社会的機能と選抜機能**　　他方で，学校が社会において果たしている役割（機能）に着目してみましょう。ここでは2つの機能を紹介します。1つは，**社会化機能**です。学校という場は，学級における先生や同級生，先輩たちとの関わりのなかで社会的な存在としての自己を発見していく役割をもっています。もう1つは，**選抜機能**です。近代以前では人の身分が生まれつき決められたものであったのに対して，近代以降，一人ひとりの資質や適性などによってその後の人生（職業や経済的状況などの社会的地位）が左右されるようになります。このとき学校は，テストに代表されるように，子どもたちの学習成果をなんらかの指標を定めて測定し，成果に応じた社会的地位を与える役割を担っているともいえます（広田 2022）。

　以上のように**学校の目的と機能**に分けて説明してみることで，学校は「実際にそうなっているのか」「本当にそれでいいのか」といった問いが生まれてきます。このような問いについて考え続けていくこともまた，必要なのではないでしょうか。

┈┈┈

☞ **文献にチャレンジ**
広田照幸（2022）『学校はなぜ退屈でなぜ大切なのか』筑摩書房

2　学校改革の思想
デューイ

講義　学校改革の過去と現在

　学校教育の理念や教授法は，時代に合ったかたちで改良が試みられてきた。そのような**学校改革**において，今日もなお参照軸とされている教育学者の一人に **J. デューイ**（1859-1952）がいる。

▷ **デューイ：学校と社会をつなぐ思想**　　1899 年に刊行されたデューイの『学校と社会』は，シカゴ大学実験学校（**ラボラトリー・スクール**）の実践をもとに書かれた著作である。彼は「古い教育」（旧教育）の特徴として，**子ども**たちは受け身の存在であること，子どもたちを個としてみることなく集団として扱っていること，カリキュラムや教育方法が画一的であることを指摘し，「子どもが太陽となり，そのまわりを教育のさまざまな装置が回転す」べきであると主張した。

　デューイの教育改革論はこれまで，身につけるべきとされる教科や知識があるということを前提とするのではなく，子どもを中心とした教育改革を提起する**子ども中心主義**の思想として紹介されてきた。しかし近年の上野（2022）の研究によれば，単に子ども中心か教科中心か，知識と経験のどちらが大事か，といった二元論的な語り方ではなく，教育は子どもたちの生きる社会に根ざした豊かな学びへと転回しなければならない，という教育観を主張するものとしてとらえなおされている。すなわち旧教育に

デューイ

おいて，子どもは非社会的で自然な存在とみなされ（➡3章4節のル
ソー参照），学校は子どもたちを社会から隔離するための場であった。
それに対して，デューイは「**仕事**」（occupation），すなわち木工や
料理など生活に結びついた活動を学校に導入することで，社会と学
校をつなぎ直そうとしたのである。

　デューイの教育論が一躍注目を浴びることになった著作として
『民主主義と教育』（1916年）がある。同著において，デューイは
「**民主主義**とは単なる政治の一形態ではなく，協同的な生き方であ
り，共同的にコミュニケーションが行われる経験の一形態」と定義
している。多様な人々に出会い，互いに経験を交流することで経験
の再構成が生まれる。このような「生き方」としての民主主義こそ
が，教育の目的であるというのである。

　子どもも大人と同じく民主的な社会を構成する一員である，とい
う考え方への転換を唱えたデューイの学校改革の思想は，今日もな
お世界規模で影響を与え続けている。

▷ **PBL**　　デューイの思想をもとにした近年の学校改革の動き
の1つとして，**PBL** があげられる。溝上・成田（2016）によれば
PBL は，実世界で直面する問題やシナリオの解決を通して，基礎
と実生活をつなぐ知識，態度を身につける**問題解決学習**（problem
based learning）と，実世界における解決すべき問題について解決・
検証を進めていく**プロジェクト学習**（project based learning）に分け
られる。これらはともに自己主導的であり，他者と協力して実世界
の問題に取り組みながら問題解決能力を育てる学習といえる。PBL
にもとづく学校改革の動きは，1970年代に欧米の大学における医
学教育や工学教育の領域において進められてきたが，現在看護教育
をはじめとした多くの専門分野の教育にも広がりをみせている（山
田ほか 2018）。

学校教育でどのような力を身につけさせるのか，という議論は近代学校の成立から現在に至るまで続いてきました。なかでも，世界規模で広がりをみせた新教育の登場によって，議論は複雑化していきます。以下，この点について 2 つの視点から検討していきます。

▭▷ **子どもを未来とつなぐ**　　同一の教科内容を教師が一方的に伝達する授業形式を批判する**新教育**の考え方が広がりをみせた 20 世紀初頭は，産業化や都市化に伴う個人主義の台頭，民主主義の発展，学問領域における新たな動向がありました。このような社会の新たな動きのなかで，先にみたデューイの「**仕事**」（occupation）の発想や，W. H. キルパトリックの**プロジェクト・メソッド**，H. パーカーストの**ドルトン・プラン**などの新教育論が登場してきます（➡★ウェブサポート）。しかしながらここで問題となるのは，新教育が未来を生きる子どもたちへ向けてどのような力を身につけさせようとしたのか，ということです。

この点に関して**アメリカ新教育**のカリキュラム研究を行った佐藤（1990）は，①子どもの感覚と思考，知性と社会性の全面的な発達をめざす（**子ども中心主義**），②工場や企業を想定した，社会生活に有効な知識や技能の獲得をめざす**社会的効率主義**，③問題解決能力と批判的思考の形成をめざす**社会改造主義**，④基礎学力と態度，意欲の形成をめざす**社会（生活）適応主義**の 4 つに類型化しています。一般的に新教育は子どもの興味・関心に根ざし，自主性や自律性を尊重する教育改革運動とみなされますが，子どもにどのような力を身につけさせようとするのか，という教育目標の次元に焦点化してみるとき，工場労働や企業社会における労働，民主主義にもとづく社会改造，既存の社会への適応など，その内実が多種多様であった

こともまた，ふまえておく必要があります。

アレント

▷ **子どもを過去とつなぐ**　上記のような未来志向の新教育論に対して，疑義を示したのが政治哲学者の **H. アレント**（1906-75）でした。「**教育の危機**」に言及した論文のなかで彼女は，新教育は以下の３点を想定しているといいます。①子ども独自の世界と社会が存在している，②教師が身につけるべき技能は教え方であって，特定の専門科目に習熟する必要はない，③認識や理解は子どもが自ら行うことではじめて得られる（今井 2022）。一見すると，私たちが思う「よい」教育のあり方を示しているようにみえます。しかしながらアレントは，上記の３点にこそ「教育の危機」をみるのです。子どもの世界を大人の世界から独立させ，過去から築き上げられてきた学問の世界から切り離し，子どもに学べというが，それは子どもに対する責任放棄ではないか。教師はあくまでも過去からの遺産（伝統）にもとづき，大人の代表として子どもたちに「わたしたちが生きる世界」を示すことこそが，責任を果たすことではないかというのです。

「どの子どもも**新しく革命的**な存在」（new and revolutionary in every child）である。だからこそ，教育は「保守」的（conservative：ここでいう「保守」とは，教育改革＝「革新」に対する意味）でなければならない。未来を生きる子どもたちだからこそ，過去と適切に関連づけられる必要がある，と教育を論じるアレントに，わたしたちはどのように応答することができるでしょうか。

☞ **文献にチャレンジ**
今井康雄（2022）『反自然主義の教育思想——〈世界への導入〉に向けて』岩波書店

3　近代学校批判の論理

講義　学校とわたしたちの生（life）

　わたしたちの生きる社会では学校は身近な存在である。そこに通うことで**資格**を獲得したり，社会的な存在として独り立ちしたりすることが期待される。一方でわたしたちは，学校によって自らの人生を拘束され，他者との競争を余儀なくされる。むしろ，活き活きとした人生のあり方から遠ざかってはいないか。本節では，このような異議申し立てを行った2人の思想家にスポットをあてる。

▷ **「監獄」のメタファーとしての学校**　　フランスの哲学者 **M.フーコー**（1926-84）は，著書『監獄の誕生』において，近代における権力の問題を分析するにあたって，監獄，病院と並んで学校を対象とし，これらのシステムに共通する「**処罰**」と「**監視**」，そして「**矯正**」について論じた。

　フーコーによれば，近代以前の権力（君主権的権力）は，多くの人々の面前において直接的な暴力といった処罰を与えることを通して，主従関係を確認してきた。対して近代の権力（**規律権力**）は，すべての人々を一様に監視し管理することを通して，有用かつ従順な個人をつくりだすことに主眼がおかれたことに特徴があるという。その典型として持ち出されるのが**パノプティコン**である。

　パノプティコンは，イギリスの思想家ベンサムが発案した円形の刑務所施設である。中心に監視用の塔を置き，周囲の円環状の建物の中に受刑者を留め置くための居室が配置さ

フーコー

れている。中央の塔からは，すべての居室を見渡すことができる。しかしながら，各居室からは塔の中も他の居室も見渡すことができない。こうして受刑者は自分が誰に見られているか，そもそも見られているかさえわからない状況におかれ，常に監視されている意識をもつことになる。フーコーによれば，このようなパノプティコン的な発想は，病院や学校といった場にいる個人に働きかけ，なんらかの矯正を課すことを目的とする場合に共通してみられる，という。

▷**「ともに歓びをもって生きること」の復権をめざして**　　フーコーと同時期に，学校や病院に代表される近代制度を批判的に検討したオーストリアの哲学者 **I. イリイチ**（1926-2002）は，学校で教えられることを前提とし，自ら学ぶことを忘れつつある社会を**「学校化（社会）」**と名づけ，病院で医療的ケアを受けることを前提とし，自らや他者を慈しむことを忘れつつある社会を**「医療化（社会）」**と名づけた。このような現代社会においては，すべての人間的活動が市場サービス（交換）の原理にしばられ，家事・育児・ケアなどの再生産労働は，賃労働を支えるだけの**シャドウワーク**（無報酬の労働）へと価値が軽視されている，と批判する。

　このイリイチの近代学校批判（**脱学校論**）は，学校で学ぶことを唯一無二の価値とすることで本当に豊かな人生を送ることができるのか，というものであった。彼は，自らが学ぼうとするときに，学校というシステムにとらわれることなくさまざまな知へのアクセスが可能となること，他者との出会いに開かれていることを重んじた。それは，生産性や効率性を重視する市場原理に適応するのとは異なるオルタナティブな生き方，すなわち，他者と**「ともに歓びをもって生きること」**（conviviality）の復権をめざすものであった。

イリイチ

問い 「野郎ども」にとっての学校とは？

> 「たとえば〈耳穴っ子〉なんかはさ，やれ試験だの，やれ勉強だので，仲間とつき合うこともしないし，楽しむってこともとくになし，それで15年も辛抱して気がついてみりゃいいおとなになってね，結婚して所帯もってってぐあいになっちまってるんだ。おれたちとの違いはそこだと思うね。おれたちは今のことを考えてて，この今を楽しもうとしてる。やつらときたら，将来のことを考えてて，いつか最高の日が来ると思ってるんだね。そりゃ，きっと規則に縛られた生活だろうよ」
>
> （ウィリス 1996）

▭▷ **「野郎ども」のまなざし**　　カルチュラル・スタディーズ（文化研究）で知られる **P. ウィリス**（1945-）の著書に『ハマータウンの野郎ども——学校への反抗・労働への順応』があります。同書には，イギリスの労働者階級が集住する地域の中学校において "荒れている" "落ちこぼれ" とみなされ卒業後，肉体労働を中心とする社会に進む生徒たち（**野郎ども**：*the lads*）と，学校の規則に順応し，教員たちに従順な学校生活を過ごすことで，高等学校に進むことを選択する生徒たち（**耳穴っ子**：*ear'oles*：いつも大人〔教員〕の言うことを「聞く」従順なようすをたとえた表現）が登場します。「野郎ども」は，次のように「耳穴っ子」を侮蔑します。「やつら」は学校での15年間を将来のことばかり考えて生きている。それに対して「おれたち」は，今を楽しむことに専念することを一番に考えている，と。未来のために生きることから自らを遠ざける「野郎ども」にとっての学校は，どのようなものなのでしょうか。

▭▷ **学校化社会と「野郎ども」/「耳穴っ子」の生きづらさ**　　「野郎ども」が生きる社会は，学校で学ぶことを前提とした社会です。同時に学校で真面目に勉強することで，将来幸せになる確からしさ

（蓋然性）を高めることが可能な社会でもあります。このような社会のなかで「耳穴っ子」は、自らが生きる労働者階級から脱することをめざし、学校の規則や学習に順応します。それが幸せを手に入れる術であると考えるからです。しかしここでは、**資格**をめぐる熾烈な競争が待ち構えています。一方で「野郎ども」は、学校での勉強を退けることで、労働者階級として生きることを選択します。学力競争の社会を批判し、別の社会で生きていくことが幸せであると考えるからです。しかしながらそれは、学校で学ぶことを前提とした社会そのものからの離脱を意味しており、（学校外での教育機関を介さない限りにおいて）そこで獲得することが可能である資格はもちろんのこと、生まれや育ちに制約されない新たな生き方を展望することから自らを遠ざけていくことにもつながりやすく、結果として幸せの蓋然性を低めることになるともいえるでしょう。

　学校化社会においては「野郎ども」も「耳穴っ子」もまた、それぞれの**生きづらさ**に突き当たる。このことは現代社会において一層深刻な問題になっているように思われます。

▷ **他者とともに生きるために**　　もしかしたらみなさんは「野郎ども」の選択、「耳穴っ子」の選択、それぞれの選択、それぞれの幸せがあっていいのではないか、と思われたかもしれません。しかしながら両者の目の前にはともに、それぞれの社会的な困難が待ち構えています。この課題に対してわたしたちは、他者とともに生きること、すなわち幸せのあり方を探究するために、「学校」という場所を考え直していくことが求められているのかもしれません。

☞ **文献にチャレンジ**
ウィリス, P./熊沢誠・山田潤訳（1996）『ハマータウンの野郎ども —— 学校への反抗・労働への順応』筑摩書房

本章の内容を振り返って，下記の2つについてそれぞれ200字程度でまとめてみましょう。

① 1節 講義 で紹介した近代学校の3つの性格に対して，近年の教育改革の立場とはいかなるものと考えられるか。具体的な改革（政策）を1～2つ取り上げて考えてみよう。

② 3節のフーコーやイリイチの近代学校批判の思想をふまえると，現代の学校はどのようにつくり変えられる必要があると考えるか。

//

//// *Further readings*　次に読んでほしい本 ////

クルツ，C./仲田康一監訳/濱元伸彦訳（2020）『学力工場の社会学——英国の新自由主義教育改革による不平等の再生産』明石書店

マーティン，J. R./生田久美子監訳（2021）『学校は私たちの「良い生活（グッドライフ）」だった——アメリカ教育史の忘れもの』慶應義塾大学出版会

//// *Book/Cinema guide*　読書・映画案内 ////

© 1993 松竹株式会社／日本テレビ放送網株式会社／住友商事株式会社

『学校』（山田洋次監督，松竹）

▶学校を舞台とした映画作品は，わたしたちの学校観を問い直してくれます。山田洋次の『学校』シリーズでは，夜間中学校（第1シーズン：1993年公開），高等養護学校（第2シーズン：1996年公開），職業訓練校（第3シーズン：1998年公開）が舞台となっています。学校に行かない少年の物語（第4シーズン：2000年公開）もまた，学校をみつめる新たな視点を与えてくれます。

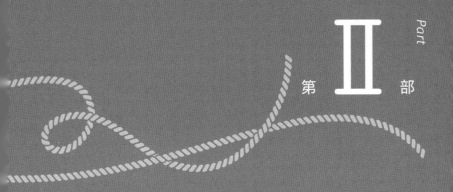

Part

第 II 部

史実に学ぶ

学校と社会の歴史

Chapter

Introduction●第Ⅱ部　史実に学ぶ：学校と社会の歴史

　学校の改革が叫ばれ，社会的な意味が問われています。これまでの学校のなにを未来に引き継ぎ，そしてなにをどう改めるのか ── とても難しいですが，しかし大事な課題です。この部では，いわば学校というものの可能性と限界を見極めるため，日本の学校150年の歴史をたどってみましょう。

参考元図：『小学入門教授図解』（鮮斉永濯画，1877〔明治10〕年）

日本における
近代学校のはじまり

1870–1900 年代

Quiz クイズ

　日本における学校教育制度のはじまりといえる「学制」の発布は 1872（明治 5）年です。ところで，その翌年に発生した事件は次のうちどれでしょうか。

a. 秩父事件　**b.** 大逆事件　**c.** 学校焼き討ち事件　**d.** 滝川事件

★本章の学習をサポートするウェブ資料は，右の QR コードよりご覧いただけます。

Answer クイズの答え

c. 学校焼き討ち事件（学校毀焼事件）

　西日本を中心として広がりをみせた農民たちによる新政府（明治政府）政策への反対一揆では，多くの小学校が襲撃されました。当時の史料からは，徴兵令のほか，学制の発布，従来の（江戸時代の）身分制度の廃止，太陽暦の導入など，近代化政策への人々の不安を読み取ることができます。

Chapter structure 本章の構成／前後の学修

［関連する章］

1 日本における近代学校のはじまり Keywords 近代教育制度／学制／就学率	第4章 学校という難問	第11章 学校と地域を教育学する
2 学校における「人間形成方式」 Keywords 学級／時間割／教授法	第2章 教えることの思想史	第9章 問われる学校の価値
3 教育の近代と伝統 Keywords 知育と徳育／修身／教育勅語		第7章 戦時下の教育，そして戦後へ
4 モノとコトからみる学校 Keywords 石筆と石盤／教科書／ノートと鉛筆	第4章 学校という難問	第2章 教えることの思想史

Goals 本章の到達目標

1. 日本における近代教育制度のはじまりを理解する
2. 教育の近代と伝統との出会いを知育と徳育の2方面から理解する
3. 学校にあるモノ・コトを歴史的にみつめる視点を身につける

Introduction 導入

歴史のなかの学校

アオバ先生　サクラ　タケシ

 アオバ先生「今日はまず，この写真をみてみましょう」

 サクラ「櫓みたいなものが上についていますね。昔の消防署かなあ？」

 アオバ先生「よく気づきましたね。上の櫓は火事をいち早く発見し，住民に知らせるためのものです。そして実はこの建物は日本の近代学校制度がはじまる以前，明治維新後の1869年に京都の町人たちによって建てられた小学校なんです」

番組小学校（京都市学校歴史博物館提供）

 タケシ「え，学校が火事を発見する場所だったんですか？　和風建築でもあるし，今の小学校のイメージとだいぶ違いますね」

 アオバ先生「実は，先ほど言ってくれた消防の役割以外にも，交番や戸籍の管掌（管理）なども行っていたんですよ」

 サクラ「今は，消防署や交番や役所に分かれているけど，当時はこれらが一体になって学校だったということですか？」

タケシ「とすると，なぜ1つにまとめられているんだろう」

アオバ先生「学校の役割（機能）とはなにか。このことを今日は，日本における近代学校制度のはじまりを通して考えてみましょう」

日本の学校のはじまりを考えることで，何がみえてくるか？

1 日本における近代学校のはじまり

学 制 発 布

　4章でみたように**近代教育制度**としての**学校**は，西洋を起源とするものであった。この近代教育制度が日本に導入されたのは，1872（明治5）年の**学制**による。

　当時，全国を8つの大学区に分けるとともに，それぞれの大学区に32の中学区，さらに各中学区を210の小学区に分け，その1つひとつに小学校を置いた。数にして大学8校，中学校256校，小学校5万3760校のスタートである。

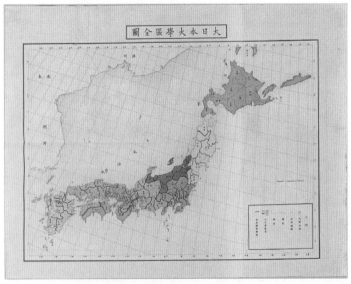

大日本大学区全図（国立公文書館所蔵）

◻▷ **学制にみる学校設置の目的**　　日本における学校教育制度のは
じまりの時点では，どのような考え方が反映されていたのだろうか。
学制とともに公布された，「学制序文」といわれる「学事奨励ニ関
スル被仰出書」（大政官布告第214号）をもとにみていこう（なお原文
のカタカナはひらがなに旧字は新字に改めた；➡★ウェブサポート）。

　①皆学主義：学問を国民全体に開かれたものにする　　それまで
の近世社会の学びの空間（藩校や寺子屋）は，生まれながらの身分
に影響を受けていた。それに対して学制では，限られた人々のため
の学びを国民全体に開かれたものとする（「一般の人民華士族農工商
及婦女子必ず邑に不学の戸なく家に不学の人なからしめん事を期す」）た
めの場所として，学校を設置したことが論じられている。

　②立身出世主義：個人の自立を目的とする　　近代日本の新しい
学校には，従来の「身分制度のなかで生きていくための学び」に限
定されない，近代社会にふさわしい目的が必要であった。この点に
ついては，学校の目的を「個人にとっての自立」（「生を治め産を興し，
業を昌にする」）として定め，その教育内容は「身を立てる財本」に
資するものでなければならないとした。

　③実学主義：新たな社会に適した学問内容を提供する　　個人の
自立とは，既存の身分制度にもとづく社会からの離脱を意味してい
た。この点については，学問を国民全体に開き，個々人の自立を目
的とする学びを提供するにあたっては，新しい社会に適した内容＝
実学を基礎としなければならない，と論じられている。

　以上のように学制では，**皆学主義**，**立身出世主義**，**実学主義**とい
う3つの考え方が提示されている。そのうえで最後に，保護者た
ちはこの趣旨を十分に理解して，子どもたちを必ず学校に通わせな
ければならない，とよびかけられている。

表 5-1　日本の近代教育制度

西暦	和暦	教育に関する出来事	備考・一般的な出来事
1868	明治元		明治維新
1871	4	文部省設置	廃藩置県
1872	5	学制発布　→教育年限を下等小学校 4 年，上等小学校 4 年の計 8 年とする	
1878	11	最初の統一的地方制度の地方三新法公布	
1879	12	教育令（自由教育令）公布　→教育年限は基本的に 8 年であるものの，最短で 16 カ月通学すればよいと規定	学区制の撤廃
1880	13	第 2 次教育令公布　→教育年限は 8 年のまま，最短規定を 3 年（毎年 32 週通学の場合）	学校の設置及び就学の義務を厳密に規定
1885	18	森有礼，初代文部大臣に就任	
1886	19	小学校令公布　→義務教育を 3～4 年（尋常小学校卒業まで）と規定 帝国大学令，師範学校令，中学校令公布	尋常科，高等科の設置 授業料徴収の原則 小学校教育は保護者の義務であることが，法令上明記される
1888	21		市制・町村制公布

（出所）　文部省 1972, 片桐・木村 2017 を参考に作成。

▱ **教育の自由化と統制：1879・80 年教育令**　　1872 年**学制**発布によって教育年限が 8 年と定められたのち，1879（明治 12）年に公布された**教育令**（自由教育令）では，就学年齢の変更（6～14 歳までの学齢期のうちで 16 カ月就学すればよい）や，学区制の撤廃，学校以外で普通教育を受けられるなど，さまざまな教育の**自由化**がみられた。

　このような教育の自由化の動きに対して，**第 2 次教育令**（1880 年）では，学校の設置や保護者による児童への就学の義務が厳密に規定され，行政の権限が強化された。日本の近代教育制度のはじまりは，教育の自由化と統制との間で展開したのである。

▱ **義務教育制度の確立へ：1886・1900 年小学校令**　　1886（明治 19）年に公布された**小学校令**では，小学校が尋常と高等の 2 等に分

1889	22		大日本帝国憲法発布
1890	23	「教育ニ関スル勅語」（教育勅語）発布 **第2次小学校令公布 →市町村の学校設置義務を規定**	
1894	27	実業教育国庫補助法公布　高等学校令公布 高等中学校を高等学校と改称	日清戦争勃発（〜95）
1895	28	高等女学校規程制定	日清講和条約により台湾領有
1898	31	台湾公学校令公布	北海道，沖縄県で徴兵令施行
1899	32	中学校令改正 実業学校令，高等女学校令公布	
1900	33	**第3次小学校令公布 →義務教育4年 （尋常小学校卒業まで）と規定 日本においてはじめて義務教育制度が確立 （国家による就学保障義務）**	**市町村の学校設置義務 保護者による児童への就学義務 授業料非徴収の原則**
1902	35	教科書疑獄事件	
1903	36	専門学校令公布 国定教科書制度成立	
1904	37		日露戦争勃発（〜05）
1907	40	**義務教育年限を延長，尋常小学校6年制に**	

けられたほか，小学校教育を受けさせることが保護者の義務であることが法令上に明確化された。

　大日本帝国憲法の発布翌年である1890（明治24）年，明治天皇の名前で**教育勅語**が下され，天皇の名のもとに教育の統制が進められていく。具体的には勅語発布の同年1890（明治23）年に公布された**第2次小学校令**では市町村の学校設置義務が明記され，1900（明治33）年の第3次小学校令では，授業料非徴収の原則が導入される。

　このようにして1872年学制にはじまった日本の近代教育制度は，1879（教育令）から1900年（第3次小学校令）までの間に，市町村の学校設置義務，保護者による児童への就学義務，授業料非徴収の原則にもとづく**義務教育**としての制度を確立していったのである。

　2021（令和3）年度，文部科学省が行った不登校児童生徒調査によると，小中学校の不登校児童生徒数は24万5000人となっており，小学生の77人に1人（1.3％），中学生の20人に1人（5％）が不登校であるとされます（➡9章）。また近年では，学齢児童生徒の不就学（➡★ウェブサポート）も問題となっています。

　実のところ，不登校・不就学が日本で最初に問題となったのは，学制発布後になります。学制発布翌年にあたる1873（明治6）年の小学校の就学率（就学児童数÷学齢児童数）は28.1％であり，ほとんどの子どもたちが学校には通っていませんでした。

　では，なぜ学校に「行かない」のでしょうか。この点について考えるにあたって，現在の静岡県にあたる豊田郡深見村の1873，74年の不就学に関する調査結果（表5-2）をみてみましょう。

▷ **学制発布直後に生じた不就学の理由**　　当時，深見学校は深見村を含めて3村から児童を受け入れていました。深見学校全体の在籍児童数は1873年時点で55名に対し**不就学**者数は60名と半数以上の子どもたちは学校に行っていませんでした。

　そのうち，深見村の子どもたちに関する**表5-2**の調査からは，子どもたちが**学校に「行かない」理由**の一端をうかがい知ることができます。まず，1873年の調査結果に**困窮**という項目があります。

表5-2　豊田郡深見村（静岡県）不就学事由別人数

年	不就学事由（人数）				計
1873	困窮（12）	農業手伝（6）	子守奉公（3）	寄留（1）	22
1874	子守（22）	農業手伝（8）	寄留（1）	不明（3）	34

（出所）花井 1986。

当時，学校では授業料が徴収されていたこともあり，家計の困窮を理由とした不就学の実態がありました。また，1873年と1874年の調査結果に，農業手伝や子守（奉公）といった項目があることも見逃せません。学校に行くことは当時，家業の手伝いや幼いきょうだいの子守りに優先するものではなかったのです。

　また，男子と比べて女子の**就学率**が低かったことも特徴です。先に示した1873年時点の就学率を男女別にみると，男子が39.9％であるのに対して，女子は15.1％となっています。**国民皆学**を理念とした学制ですが，当時の日本社会では女子が学校で学ぶことをめぐっては消極的な認識があったのです。

▷　就学率上昇への取り組み　　このような不就学の問題に対して，国，地方自治体，学校現場は就学率上昇に向けた取り組みを進めていきます。その1つに，1870年代から1880年代に全国的な広がりをみせた子守学校があります。同学校では，自身の幼いきょうだいの子守りによって学校に行くことができない子どもたちへの**教育の機会保障**と併せて，子どもたちが連れてきた幼児への保育活動も行われていました。その後，政府は1886（明治19）年の**小学校令**において尋常小学校の卒業を義務制とし，保護者による児童への**就学義務**を定めたのち，1900年の小学校令改正（第3次小学校令）においては，尋常小学校では授業料を徴収しないことが明記されるなど，施策を進めます。その結果，明治末期の就学率は90％を超えました。しかしながら，それでもなお家業や地域の行事等で学校を欠席する子どもたちは少なからず存在しており，学校で学ぶことをめぐる国と地域社会との軋轢は，長い間続きました。

☞　**文献にチャレンジ**

元森絵里子（2014）『語られない「子ども」の近代──年少者保護制度の歴史社会学』勁草書房

2　学校における「人間形成方式」

講義　学校で学ぶ心身をつくる：学年制，時間割，教授法

▷ **学級の誕生：等級制から学年制へ**　　学制発布の直後に出された「**小学教則**」では，6歳以上の子どもに対する**義務教育**が定められた。学制によって小学校は下等小学と上等小学に分けられ，ここでは，それぞれの教育課程を8つとし，6カ月の**習業**と**試験**によって進級する制度となる。このように一定期間の習業とその成果判定にもとづく進級制度を**等級制**という。

　等級制からはじまった日本の小学校であるが，1891（明治24）年の「学級編制等ニ関スル規則」によって等級制は廃止され，**学年制**が導入される。習業の成果で編制されていた教室という空間は，同じ年度に生まれた同年齢集団による学びの場へと変貌した。「年」「組」と名づけられた**学級**集団での学び（今では当たり前の教室での学び）は，このような進級制度の転換によって生まれたのである。

▷ **時間割と遅刻の成立**　　日本における近代学校のはじまりは，**定時法**にもとづく時間（1日を24等分した時間）の成立とも密接に結びつくものであった。学制発布の同年（1872年）11月に太陽暦採用の布告が出され，1年が365日と定められると，学校は定時法にもとづく時間の考え方を地域社会に広げていく役割を果たした。その具体例に，**始業時刻**，**終業時刻**，**時間割**の成立がある。先にみた「小学教則」では「1日5字1週30字，課程日曜日を除く」というように，7曜日制にもとづき，1日5字と時間が定められている。当時は旧暦（天保暦）に「時」という用語をあて，太陽暦にもとづく新暦に「字」という用語をあてている。このように「小学教則」

78　第Ⅱ部　史実に学ぶ

では，旧暦にもとづく生活の時間とは異なる，**学校の時間**が意識されていた。

もう1つの事例として，**遅刻**の成立がある。1873（明治6）年に文部省が制定した「**小学生徒心得**」では，

『小学教師必携補遺』（1874年）（国立教育政策研究所所蔵）

「第2条　毎日参校は授業時限10分前たるべし，第7条　若し授業の時限に後れ参校するときは猥りに教場に至る可らず遅刻の事情を述べて教師の指示に待つ可き事」と定められ，生徒に対して始業10分前の登校を求めるとともに，遅刻という考え方が示されている。

▷ **一斉教授法と生徒の管理**　　日本の学校における教師の教え方（**教授法**）は，多数の児童生徒に対して，同時に一定の教材を与えて教えるという**一斉教授法**（➡2章）にはじまる。1873（明治6）年，東京師範学校長であった諸葛信澄は『小学教師必携』をまとめ，アメリカの M. スコットの一斉教授法を紹介した。また林多一郎は，『小学教師必携補遺』（1874年）において「此の書は，小学教師必携に欠く所の生徒の挙動の儀則を補はんが為述べたるものなれば」として，諸葛信澄の『小学教師必携』によって論じられた，一斉教授法を補足する規律について紹介した。ここでは，10分前登校，教師の号令に従った教場への先導，号令に従った着席といった生徒の管理法が記されている。こうした規律に従う心身を求める「人間形成方式」が，学校教育とともに浸透していったのである。

時間割ってなぜ必要なの？

> 学校の授業は，時間割で区切られています。小学校では担任の先生に「今日の授業はここまでです」と言われると，算数の問題がもう少しで解けそうだったとしても，図工の作品がもう少しで完成しそうであっても，授業時間は終わりになります。そもそも，なぜ時間割は必要なのでしょうか。

▷ **現代日本の時間割の起源**　現代日本では，1時間（1時限や1校時ともいう）は，小学校で45分，中学校で50分となっています。この**授業時間**は，明治後期に定式化していきます。

　1880年代後半，教授における生徒の規律や管理を重んじるヘルバルト派教授論（➡2章）の立場から，45分という授業時間を前提とする**時間割**が提案されます（白井 1887『学級教授術』など）。この時期，授業時間の長さについては，教師や教育学者たちによってさまざまな意見が出されていました。例えば，画一的に45分にするのではなく，学年が上がるにつれて授業時間を長くし，休憩時間を短くするといったものです。その後1900年代に入ると，授業時間の定式化と合わせて，休憩時間を15分にすることが定着していきます。このようにして，現代日本の小学校にみられるような，45分の授業時間との休憩時間（10~20分）で構成される時間割が全国的に普及していきました。

▷ **定式化した時間割に対する批判**　1920-30年代には，国際的な**新教育運動**（➡6章）の影響を受けて，定式化した時間割への批判が起こります。その批判の1つは，時間割を子どもの生命や活動の「リズム」に即したものにすべきである，という立場でした。ここでは，子ども中心の柔軟な時間割が開発されていきます。例として，奈良女子師範学校附属小学校の主事であった木下竹次は「児童

を解放して各自に時間割を作成させ」る「**作為主義の教育**」によって，「児童は案外能く自律的に時間を使用する」ことを主張しました。

　また**池袋児童の村小学校**（➡6章）の野村芳兵衛は，これまでの45分の授業時間と15分の休憩時間からなる定式化した時間割は教科に子どもを従わせることが目的となってきた。しかしながら子どもたちは，自分たちで決めた学習ならば，1時間半でも長いと感じることはない，といいます。そのうえで，子どもたち一人ひとりが自らの予定を考え，変更できる「生命のための時間割」が必要であり，「時間割があれどもなきが如き状態」が望ましいと主張しています。野村のいう「生命のための時間割」とは，1日を**独自学習**，**相互学習**，**講座**に区分するものでした。

　独自学習は，子どもの個性発揮を主たる目的とし，**能動性**や創造性を大事にする学習であり，教師は相談相手として位置づけられます。相互学習は，子どもの**協同性**の獲得を主たる目的とし，学級での協議を大事にする学習であり，教師は同行の立場から傍らにいる存在です。講座は次世代への文化伝達を主たる目的とし，子どもたちが**文化**を味わうことこそが学習であるという観点から，教師は最も能動的に子どもたちにはたらきかけていく存在です。

　このような子どもの能動的な学習，協同的な学習，文化を味わう学習，という3つの視点からの時間割に対する野村からの批判は，教科の論理からなる定式化された時間割への批判であるのみならず，子どもたちにどのような学びの時間を保障することが必要なのかを問いかけています。

☞ **文献にチャレンジ**
宮本健市郎（2018）『空間と時間の教育史 —— アメリカの学校建築と授業時間割からみる』東信堂

3　教育の近代と伝統

講義　知育と徳育

　日本に新しい近代教育制度を導入するにあたっては，少なからず伝統的（旧来の）教育観との葛藤もみられた。ここでは，**知性**の育成（**知育**）と道徳性の育成（**徳育**）とをめぐる論争について紹介する。

▷　**修身の設置**　1872（明治5）年の学制では，下等小学の学科（のちの教科）として**修身**，いまでいう**道徳教育**が定められた。なお修身という名称の起源は，儒教の経典『礼記』のなかの「修身斉家治国平天下」（自分の行いを正しくし，次に家庭を整え，次に国を治めることで天下を平和にすることができる）である。しかし，教育の近代化をめざそうとする明治政府の教育構想は当初，知育を進めていくことによって徳育が達成されるというものであった。つまり，学制初期の修身教育の目的は西洋道徳の移入であり，教材にはフランスの道徳に関する翻訳書などが用いられていたことも知られている（高橋 2017）。西洋近代を知ることに重きをおいた教育構想は1879（明治12）年，学制に代わる**教育令（自由教育令）**まで続き，修身は教科としての最下位におかれていた。ところが翌年1880年の第2次

修身教科書『ヨイコドモ』（上）の忠孝に関連する内容
（国立国会図書館所蔵）

教育令では「小学校は普通の教育を児童に授くる所にして其学科を修身読書習字算術地理歴史等の初歩とす」と規定され、学科の並びの筆頭に修身がおかれた。以後、修身は戦前日本の筆頭の学科としての地位を保ち、徳育は重要視され続けることになる。

▷ **徳育論争**　教育令の制定に関わった田中不二麿（1845-1909）は、1871-73年の岩倉遣欧使節団内で欧米の教育視察を担当し、学制の中央集権的、画一的規定をゆるめ、教育における自由主義を提起した。田中は、西洋の近代教育制度の基盤にはキリスト教社会における宗教的思想があることを学び、徳育の重要性を理解しつつも、教育と宗教の分離の理念から、日本の学校においては知育を重視し、徳育は**家庭教育**を原則とするほかないという立場（**啓蒙主義**）をとった。

　一方、学制から教育令に至る知育重視の教育を「智識才芸」と批判し、修身を中心とした教育における「**仁義忠孝**」の重視を主張したのが元田永孚（1818-91）であった。元田によれば、従来の日本社会における教育は儒教を基盤としていたのに対し、明治維新以後は西洋近代の知識や制度によるものとなっている。このような状況のなかで徳育が見落とされており、君（天皇や主人）や師（教師）への忠誠心や孝行にもとづく上下関係が成立しなくなることを案じ、徳育を徹底したのちに知育を進める立場（**教学主義**）をとった。

　知育と徳育をめぐる田中と元田の立場は、日本において近代にもとづく教育をつくるのか、伝統にもとづく教育をつくるのかをめぐる議論の入り口となった。

　1887（明治20）年11月には、旧東京大学の総理（いまでいう総長）であった加藤弘之（1836-1916）は、徳育は宗教にもとづいて行われるべきであるという**宗教主義の徳育**を主張する。加藤の主張を契機とした**徳育論争**は、道徳性の育成にあたっての基準についての議論が錯綜していたことを意味している。

問い 教育勅語ってどう読める？

> 明治天皇の名前で下された教育勅語は，1948年6月に失効が決議されるまでの間，日本の教育がめざす人間像を提示し続けてきたものです。戦前日本の教育を規定してきた教育勅語には，どのような内容が書かれているのでしょうか。また，いまのわたしたちからはどう読めるでしょうか。

【「教育勅語」原文：①②は筆者加筆】

　朕惟フニ，我カ皇祖皇宗，国ヲ肇ムルコト宏遠ニ，徳ヲ樹ツルコト深厚ナリ。我カ臣民，克ク忠ニ克ク孝ニ，億兆心ヲ一ニシテ，世世厥ノ美ヲ済セルハ，此レ我カ国体ノ精華ニシテ，教育ノ淵源亦実ニ此ニ存ス。①我カ臣民克ク忠ニ克ク孝ニ億兆心ヲ一ニシテ世々厥ノ美ヲ済セルハ此レ我カ国体ノ精華ニシテ教育ノ淵源亦実ニ此ニ存ス。②爾臣民父母ニ孝ニ兄弟ニ友ニ夫婦相和シ朋友相信シ恭倹己レヲ持シ博愛衆ニ及ホシ学ヲ修メ業ヲ習ヒ以テ智能ヲ啓発シ徳器ヲ成就シ進テ公益ヲ広メ世務ヲ開キ常ニ国憲ヲ重シ国法ニ遵ヒ一旦緩急アレハ義勇公ニ奉シ以テ天壌無窮ノ皇運ヲ扶翼スヘシ。是ノ如キハ，独リ朕カ忠良ノ臣民タルノミナラス，又以テ爾祖先ノ遺風ヲ顕彰スルニ足ラン。

　斯ノ道ハ，実ニ我カ皇祖皇宗ノ遺訓ニシテ，子孫臣民ノ倶ニ遵守スヘキ所，之ヲ古今ニ通シテ謬ラス，之ヲ中外ニ施シテ悖ラス。朕爾臣民ト倶ニ拳拳服膺シテ，咸其徳ヲ一ニセンコトヲ庶幾フ。

【①②の現代語訳】

　①我が臣民はよく忠であり，よく孝であり，皆が心を1つにして，代々その美風をつくりあげてきたことは，これは我が国体の華々しいところであり，教育の根源もまた実にここにあるのだ。②汝ら臣民は，父母に孝行をつくし，兄弟は仲良く，夫婦は仲むつまじく，友人は互いに信じあい，恭しく己を保ち，博愛をみんなに施し，学問を修め実業を習い，そうして知能を発達させ道徳性を完成

させ，更に進んでは公共の利益を広めて世の中の事業を興し，常に国の法律に従い，ひとたび非常事態のときには大義に勇気をふるって国家につくし，そうして天と地とともに無限に続く皇室の運命を翼賛すべきである。 (高橋 2019)

▭ **天皇への忠誠と愛**　まず①の箇所では，**天皇**の臣下としての**臣民**がこれまで**忠**に励み，**孝**に励んできたと述べられています。忠というのは先に述べた「君」や「師」への忠誠を示し，孝は親に対する愛情を示すものです。これらが日本の「国体」を華々しいものとしてきたのであり，教育の根源は，（君師や親に対するのと同様）天皇への忠誠と愛情にある，というのです。

▭ **天皇主義的道徳**　続けて②では，臣民が守るべき**道徳**が述べられています。父母には孝行を尽くし，きょうだいは仲良く，夫婦は仲むつまじくし，友人は互いに信じあい，個人は丁寧に礼儀正しく過ごし，誰にでも分け隔てない優しさをもち，そのうえで知性を育むことで自らの道徳性を完成することができる，といいます。さらには，みんなにとっての利益を求めて仕事し，常に国の憲法を大切に，法律に従い，国の非常事態では身を惜しまない，と。

　戦前日本における教育の目的は，そのような人間をつくりあげることでした。このように教育勅語に示されているのは，日常生活のなかでの道徳を身につけるとともに，国のために命を惜しまず尽くす，天皇主義的な道徳であったといえます。このような道徳は，戦時下の教育（➡7章）に向かうなかで，人々のなかに強く意識されていくことになります（高橋 2019）。

┈┈
☞ **文献にチャレンジ**
高橋陽一（2019）『くわしすぎる教育勅語』太郎次郎社エディタス
┈┈

4　モノとコトからみる学校

講義　学校を変えたモノ：学校のモノはじめ

　いつの時代も教育・学校をとりまくモノやコトは常に変化し，そのたびに学校は変化を迫られてもきた（➡13章）。表5-3は，明治維新以前の庶民のための教育施設であった**寺子屋**の実態に関する回顧調査によるものである（大日本教育會 1892）。ここでは，寺子屋と学校で用いられたモノの違いに注目してみる。

　▷　**筆と和紙から石筆と石盤へ**　　寺子屋で文字を学ぶために用いられていたのが毛筆と和紙であったのに対して，学校では当初，**石盤**と**石筆**（せきひつ）が用いられていた。児童生徒の持参する学習用具としての石盤は，教科書（本），習字道具と並んで学校における，いわば「三種の神器」であった。

表5-3　寺小屋と学校で用いられたモノの違い

	昔時必用具ノ名称	今時ノ必用具
学校用具 （師家用具）	師用ノ机，教授用ノ長机 太細数種ノ筆，大小ノ硯……右ノ外，毛氈，茶碗，土瓶等，家事向ニ渉ル具ハ略ス	時計，呼鈴，黒板，白墨，椅子，テーブル，掛図……
生徒用具	机，硯箱，筆，硯，墨，水入，文鎮……	石盤，石筆，鉛筆，ペン，インキ……
同附属品	風呂敷，襷，履物即チ雪蹈，草履，下駄	カバン，帽子，蝙蝠傘，靴等
同 衣 服	通常ノ服（筒袖ハ之ナシ）袴ハ士ノ子弟ハ之ヲ穿ツモ他ハ稀ナリ……	筒袖服，洋服（一定ノ服モアリ）

（出所）　大日本教育會 1892。

▭ 洋紙の広がりと教科書の普及

明治初期の小学校**教科書**の多くは，和紙を用いた和装本であった。学制発布の時点において，洋紙の生産は着手されたばかりであったためである。その後，日本の洋紙生産，輸入の流通規模が拡大していくと，1904（明治37）年に使用開始された

石盤と石筆（長野県上田市立博物館所蔵）

国定教科書において，国産洋紙を用いた洋装本に切り替わる。

▭ ノートと鉛筆が変えた学校

洋紙の生産，輸入が広がりをみせるなかで登場したのが，**ノート**と**鉛筆**である。石盤と石筆による学習のメリットは，いったん書きつけたものを消すことができること，学習を反復できることにあった。しかし，1回に書きつけることのできるスペースに限りがあり，学習の成果を記録するという性格（記録性）をもち合わせていなかった。この点に対して，ノートと鉛筆を用いて書き残していく学習は，石盤と石筆による学習の欠点であった記録性をもち合わせていたことに特徴がある。

明治37年の洋装（洋紙）の検定教科書（京都教育大学附属図書館所蔵）

尋常高等小学校ノート「教育的雑記帳」（文具のとびら提供）

　次に，現代では当たり前となったコトからも考えてみましょう。春は出会いの季節といわれますが，別れの季節でもあります。この季節を象徴する学校行事に，卒業式（3月）があります。そこでは，卒業証書の授与や，校長先生からの式辞や，卒業生と在校生たちとの間でのメッセージ交換があったりします。いわゆる卒業ソングを歌った記憶のある人もいるでしょう。では，学校のはじまりの時点での卒業式はどのようなもので，どのように変化してきたのでしょうか。

▷ **卒業式は試験のクライマックスの場だった** 　　卒業式は，時代のなかで変化してきた学校行事の1つです。先に述べたように現在の卒業式ではさまざまなイベントが用意されていますが，そのはじまりは試験のクライマックスとしての証書授与にあったといわれています。原則として年齢差1歳未満の児童生徒たちが9年間の義務教育を「同級生」として過ごす現在の学年制とは異なり，先に述べたように明治初期の学校は，試験で合格することで進級や卒業が可能となる**等級制**をとっていました。つまり，卒業の証書授与とは

最終試験結果の発表の場であり，「誰がよくできる子どもなのか」「誰が落第したのか」を人々に知らしめる場であったのです。このようにみると，4章で

紹介した学校の選抜
機能の象徴が卒業式
であった，ともいえ
るかもしれません。

▷「感情の共同体」
としての学校

1907（明治40）年の
小学校令改正によっ
て義務教育年限が6
年の学年制へと移行すると，**儀式**の重要性，教育的価値についての
認識が高まりをみせます。当時の資料には，儀式は「**人格陶冶の形
式的方法的手段**」であり，「一定の機会に乗じて，全校の職員生徒
一堂に会し，一定の形式に則って，児童の共同的感情を喚起」する
ことの重要が説かれています（飯島 1911）。自分の心を「わたした
ち」の心として感じとることができる「人格」の形成において，学
校行事の価値が見出されたのです。このことは，明治期の学校制度
の変化のなかで「**感情の共同体**」としての学校が成立したことを意
味します。

　「感情の共同体」のフィナーレである卒業式に欠かせないのが，
斉唱や合唱です。卒業ソングは別れや門出をイメージさせる歌詞と
ともに，歌うことそれ自体を通して「わたしたち」の記憶を形成し
ていきます。このようにして今日もなお，次の学校や社会に向かう
「わたしたち」を生み出す場として卒業式は大きな影響を及ぼして
います。ちなみに明治初期の入学式が9月開催だったことを知っ
ていますか（➡★ウェブサポート）。

☞ **文献にチャレンジ**
有本真紀（2013）『卒業式の歴史学』講談社

/// *Report assignment*　レポート課題 ///

本章の内容を振り返って，下記の2つについてそれぞれ200字程度でまとめてみましょう。

① 　日本における近代教育制度のはじまりにおいて生じた不就学問題は，どのような背景から生じていたか。

② 　現代の日本の学校のモノ・コトは近代学校のはじまりの頃と比べるといかなる点が異なるといえるか。

/// *Further readings*　次に読んでほしい本 ///

木村元（2012）『日本の学校受容——教育制度の社会史』勁草書房
佐藤秀夫（2005）『教育の文化史（2）学校の文化』阿吽社

/// *Book/Cinema guide*　読書・映画案内 ///

倉石一郎（2019）『テクストと映像がひらく教育学』昭和堂
▶「教師の世界」「子どもの世界」「学校というシステム」という3部からなる本書では，教師と生徒（教育的関係）や学校におけるケアをはじめ，教育学が対象とするさまざまな問題について明治期から現代に至る小説や映画をもとに検討されています。教師や子ども，学校を対象としたテクストや映像資料を読み解く奥深さやおもしろさを感じる一冊です。

大衆化する教育

1910–30 年代

Quiz　クイズ

　大和和紀の漫画『はいか
らさんが通る』（講談社）
は，大正期の東京を舞台
に，自由闊達な 17 歳の女
学生花村紅緒と彼女を取り
巻く若者たちの恋愛模様を
描くラブコメ作品です。
1975 年に『週刊少女フレ
ンド』で連載がスタートし
ました。「ハーフブーツにえび
茶のはかま　頭のリボンも
ひらひらと」と歌いながら
自転車を乗りこなす紅緒の
姿は，作品の読者世代を中
心に，「大正期」イメージ
の典型として定着している
ように思います。

大和和紀『はいからさんが通る』新装版
（1）（講談社，2016 年）より

　ところで，作品タイトル
にある「はいから」はどう
いう意味でしょうか。

a. 日本風で奥ゆかしいさま　**b.** 西洋風で目新しいさま

c. 東洋風でなじみ深いさま　**d.** 洋の東西を問わない美しいさま

★本章の学習をサポートするウェブ資料は，右の QR コードより
　ご覧いただけます。

Answer クイズの答え

b. 西洋風で目新しいさま

　英語の high collar（高襟）が語源です。明治・大正期のジャーナリスト石川半山（安次郎）が，洋行（西洋への旅行・留学）帰りの紳士を「ハイカラー」とよんで「冷笑」したところ，それが「西洋風」「西洋かぶれ」の意味で流行・定着しました。「灰殻」とも。ちなみに対義語は「バンカラ（蛮カラ）」で，「はいから（ハイカラ）」の上品さに対して「野蛮」「粗野」な身なりやふるまいを意味します。

Chapter structure 本章の構成／関連する章

［関連する章］

本章の構成	関連する章
1　教育の大衆化とエリート文化 Keywords 義務教育の普及／就学率／教養主義	第5章 日本における近代学校のはじまり　　第8章 成長する経済，そのとき若者は
2　家族と女性の近代 Keywords 近代家族（教育家族）／良妻賢母／少女	第3章 子どもが育つということ　　第12章 ジェンダーとセクシュアリティを教育学する
3　子ども中心の文化と教育 Keywords 『赤い鳥』／大正新教育／生活綴方	第2章 教えることの思想史

Goals 本章の到達目標

1. 20世紀初頭の教育の拡大・普及と格差構造について理解する
2. 学校で育まれた若者文化や教育の文化について知るとともに，その現代的な形について考える

Introduction 導入

「文化」を生きるわたしたち

ナナ　ケイタ

 ナナ「ケイタくん，どう？ 似合う？」

ケイタ「どうしたのその学ラン……。どこから持って来たのさ？」

ナナ「カッコいいでしょ？ 体育会の部室の掃除を手伝ってて見つけたの。10年前に廃部になった応援部の学ラン」

ケイタ「なんだかかび臭いよ……。それに，女子がやるならチアガールでしょ？ ミニスカートにポンポン持ってさ」

ナナ「ん？ 聞き捨てならないなぁ。女は女らしくって？」

ケイタ「いやそれはまあ，え～と（しどろもどろ）」

ナナ「他の大学ではちゃんといるんだからね，女性で学ラン着てカッコよく応援してる応援団員。まったく……」

ケイタ「失礼しました（汗）。うんうん，応援団の演舞っていいよね。もう伝統文化っていうか。うん，カッコいい！」

ナナ「ごまかしたな……まあいいや。伝統文化ね。そういわれれば大学院の授業の課題であったな。日本の学校で育まれてきたいろいろな文化について調べてきなさい，って」

ケイタ「『校風』とかのこと？ ぼくの高校は『質実剛健』だった。でも正直，苦手だったな。勝手に押しつけんなって感じ」

ナナ「でもケイタくんたちも，自前の『文化』で抵抗してたじゃない。ちょっと攻めた髪形とか，ネクタイの変なつけ方とか。みんな同じになっちゃってたけど」

ケイタ「いや，あれはなんというか，若気の至りってやつで，だから別に深い意味はなくて（しどろもどろ）」

日本の学校で育まれた，若者たちの文化とは？

1　教育の大衆化とエリート文化

講義　**教育の大衆化**

▷　**義務教育の普及**　　20世紀に入り，日本は欧米列強と覇権を争う帝国主義国家の地位を確立する。産業化・都市化が進展するなか，学校教育の普及・発展も目覚ましかった。義務制の**初等教育**（**尋常小学校**）の**就学率**は，1890（明治23）年段階で5割を切っていたが，1905年には95% を超えた（文部省『学制百年史』；図6-1）。これを受け，4年制であった尋常小学校が2年延長され（1907年小学校令一部改正），**義務教育**は6年間となった。

　　ただし，就学には男女差があった。1890年の就学率は男子65.1% に対して女子31.1%，1905年でも男子97.7%，女子93.3% であった。卒業率では，男女ともに9割を超えるのは1929年で（木村 2005），それ以前の**中途退学**（**就学放棄**）の多さがうかがわれる。背景には貧困と児童労働があった。1911年に最低入職年齢（12歳）や年少者および「婦女子」の労働時間規制等を定めた工場法が公布されたが，零細工場は適用外となるなど，不徹底なものだった。

図6-1　学齢児童の就学率の推移（『学制百年史』より）

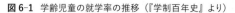

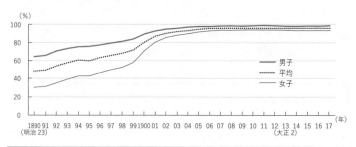

▷ **義務教育後の学校**　　義務制の尋常小学校の後に**接続**する学校は多岐にわたる（図6-1）。戦後の6・3・3の単線型学校系統（➡7章2節）に対して図6-2の戦前の学校系統は「複線型」（または「分岐型」）とよばれる。進路として一般的だったのは，より高度な初等教育をほどこす**高等小学校**である。それとは別に当時の学校系統には，「**エリート**」のコースもあった。ただし男女別で，男子は**中学校・高等学校・帝国大学**，女子は**高等女学校**（および女子専門学校等）となっている。また実業教育の学校として**実業学校**（甲種・乙種）があり，教員養成は**師範学校**と**高等師範学校**がその任を負った。尋常および高等小学校卒業後の勤労青年層には，**実業補習学校**という実業教育と小学校の補習のための学校があった。

▷ **大衆教育社会の黎明**　　この時期，これら多様な学校種で学校数と在校生数が著しく増加した（表6-1）。18歳までのほぼすべての人が学校に通う**大衆教育社会**の到来は高度経済成長期をまたねばならないが（➡8章），20世紀最初の30年は，少なくともその黎明期といえる。とくに高等女学校の在校生数は1900年から20年の間に約10倍に増加しており，この間の女子教育の普及・拡大が著しいことがわかる。

▷ **自由と平等を阻むもの**　　もっとも，この時代を手放しで評価するのも難しい。高等女学校の隆盛にしても，女子にとってその後の大学進学は限定的であり（男子で定員が満たない場合に聴講を許されるなど），教育制度の性差別的な性格は否定できない。

　また男子についても，陸軍現役将校学校配属令（1925年）や青年訓練所令（翌26年）により，軍隊式の教育（**教練**）が中等学校以上の生徒・学生や勤労青年層に課された。1925年4月には治安維持法が制定され，後の思想弾圧につながっていった。この時期の教育の大衆化には，大正期の開明的なイメージとは裏腹に，次の時代の軍国主義教育の兆しも垣間見えることは強調しておきたい。

図 6-2 1908（明治 41）年の複線型（分岐型）の学校系統図 ───────

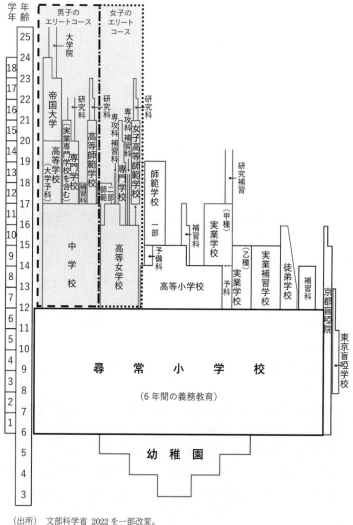

（出所）　文部科学省 2022 を一部改変。

表 6-1 学校数・在校生数（1900年・1920年）

学校の種類	学 校 数			在 校 生 数			増加率（男女合計）	増加率（男女別）
	1900年	1920年	増加率	1900年		1920年		
幼 稚 園	240	728	3.0		23,073		62,127	2.7	—
尋常小学校	25,250	25,407	1.0	男子 2,060,065 女子 1,667,989		男子 3,964,247 女子 3,755,123		2.1	1.9 2.3
高等小学校	5,974	15,180	2.5	男子 664,417 女子 206,778		男子 604,545 女子 300,231		1.0	0.9 1.5
中 学 校	218	368	1.7	男子 78,315		男子 177,201		2.3	—
高等女学校	52	514	9.9	女子 11,984		女子 125,588		10.5	—
実業学校	143	676	4.7	男子 17,658 女子 795		男子 117,595 女子 18,695		7.4	6.7 23.5
実業補習学校	151	14,232	94.3	男子 7,262 女子 1,618		男子 811,144 女子 184,946		112.2	111.7 114.3
師範学校	52	94	1.8	男子 13,543 女子 2,096		男子 17,734 女子 8,817		1.7	1.3 4.2
高等学校	7	15	2.1	男子 4,904		男子 8,839		1.8	—
高等師範学校	2	2	1.0	男子 480		男子 1,293		2.7	—
女子高等師範学校	1	2	2.0	女子 323		女子 766		2.4	—
専門学校・実業専門学校	—（制度不備）	101				男子 46,212 女子 2,795		— —	— —
大 学	2	16	8.0	男子 2,827		男子 21,913 女子 2		7.8	—

（注）　大学には，予科生徒・専門部生徒・それぞれ本科のほか専攻科・別科・大学院などの学生数を含む。

（出所）　片桐・木村 2017 より作成。

（表の数字からわかること）

・学校数，在校生数ともに，ほとんどの項目で大幅に増加している。

・全体的な傾向として，在校生の実数としては男子が多いが，1900年から20年の増加率でみた場合には女子が高く，この間の女子教育の普及・発展をうかがわせる。

大正期のエリート男子を魅了した「教養」とは？

> 教養は1つの人間形成概念です。この教養を重視する価値観を教養主義といいます。教養主義は，大学生や旧制高等学校の生徒たちが親しんだ独自の学生・生徒文化でした。そこで求められていた「教養」とはなんだったのでしょうか。

▷ **教養主義の誕生**　教養主義の起源は明治末期の「**修養**」にさかのぼります。学校制度の整備が進み，学歴エリート集団が一定規模に達したこの時期には，官僚など地位の高い職も狭き門となります。エリート青年たちにも閉塞感が漂いはじめ，彼らの関心は「天下国家」から「個人」としての自己の内面に移っていきました。

経済的に「成功」する青年，恋愛を謳歌する「堕落」青年，人生の意味を問う「煩悶」青年。そんな彼らの間で，**努力による人格の向上**」を意味する「修養」が流行しました。「修養」にはさまざまな方法がありましたが，そこから，哲学書や文学作品を読むことでそれを実現するというやり方が分化します。「**文化の享受を通しての人格の完成**」すなわち「教養」です（筒井 2009）。

▷ **明治から大正へ**　教養の祖として，2人の人物をあげることができます。旧制第一高等学校校長の新渡戸稲造（1862-1933）と，東京帝国大学講師のR. フォン・ケーベル（1848-1923）です。彼らのもとには，夏目漱石，西田幾多郎，和辻哲郎，阿部次郎ほか多くの人文エリートが集いました。「文化の享受による人格の完成（教養）」を経験した弟子たちは，教養主義の古典といわれるようになる作品を続々と著します。例えば，夏目漱石『こゝろ』，阿部次郎『三太郎の日記』，西田幾多郎『善の研究』，和辻哲郎『古寺巡礼』などです。これらの作品は，I. カントやG. W. F. ヘーゲルなど西洋の古典とともに，教養主義の核となって読み継がれました。

▭ **大正から昭和へ**　　大正後期になると，新たな流行思想である**マルクス主義**思想の影響で，教養主義は一時的な陰りをみせます。大学生や旧制高校の生徒たちの間では，西洋の古典やそれに影響を受けた日本の教養主義作品に代わって，当時危険思想とされたマルクスの『資本論』をはじめとする社会主義文献が流行しました。のみならず学生・生徒たちは，マルクス主義の研究団体を結成し，これを規制する学校当局との間で激しく対立しました。

　しかしそんなマルクス主義思想も 1930 年代以降の日本の**軍国主義化**で影響力を大きく減じ，その間隙を突くように，教養主義は**学生・生徒文化**として復活します。昭和の教養主義者として名高い経済学者の河合栄治郎が，1936（昭和 11）年から刊行した 12 冊に及ぶ『学生叢書』は，教養主義的な学生生活の方法をマニュアル的に説いて人気を博しました。

▭ **現代の教養は？**　　人格の完成のために哲学書や文学作品の古典を読むというのは，イマイチぴんとこないかもしれません。そもそも，現代の高校生や大学生にいわせれば，授業ならばともかく，余暇くらい自分の好きなことをして楽しみたいというのが本音でしょうか。

　ですが，みんなが特定の知を共有する，その土台の上で互いに切磋琢磨し，自分自身を成長させていく——そんな教養の文化が絶えてしまうのは，やはり寂しくはあります。少なくともそれは，1 つの人間の育ち方ではあるように思うのですが，どうでしょうか。それとも，みんなが同じ知識を学び共有するという発想は，もはや時代遅れでしょうか。少し考えてみてください。

☞ **文献にチャレンジ**
筒井清忠（2009）『日本型「教養」の運命——歴史社会学的考察』
　岩波書店

2　家族と女性の近代

講義　近代家族の良妻賢母

▭▷　**近代家族とはなにか**　20世紀はじめが日本の大衆教育社会の黎明期となった原因はいくつか考えられるが，**近代家族**という新しいタイプの家族のことは無視できない。落合恵美子はその特徴として，①家庭内領域と公共領域の分離，②家族構成員相互の強い情緒的絆，③**子ども中心主義**，④男は公共領域・女は家内領域という**性別役割分業**，⑤家族の集団性の強化，⑥社交の衰退とプライバシーの成立，⑦非親族の排除，⑧核家族の8つをあげる（落合 2000）。そして彼ら彼女らの教育観やニーズは，学校教育にも大きな影響力をもった。

▭▷　**近代家族は教育家族**　日本の近代家族は，20世紀初頭の都市部に暮らす新中間層に見出される。**新中間層**とは，自営農漁民，中小企業主，小商店主や職人などの旧中間層に対比される新しい中流層であり，性別役割分業にもとづく核家族を基調とする。主たる稼ぎ手の夫は役人，企業の中・下級管理者，専門職従事者，販売員などの給与所得者，妻は家事・育児を担う専業主婦であり，子どもは少数（1~2人）という形が典型とされる。

　新中間層は，子どもによりよい教育を受けさせることに強い関心をもつ。20世紀に入って普及した避妊手法を活用して家族計画（産児制限）を行い，少数の子どもに多くの愛情と資力を注ぎ育てるさまから，**教育家族**ともよばれる。大正新教育（自由教育➡3節）の支持者となり，私立学校受験（「お受験」）に積極的だったのは，こうした新しい家族たちだった（小針 2015）。

▭ **良妻賢母という思想**　　近代家族の中心には，妻や母である女性たちがいた。彼女たちは家事や子育てを主体的に遂行したが，しかしそれは特定の思想（規範）を内面化した結果という側面もあった。「夫に対して良き妻であれ，子どもに対して賢き母であれ」という，いわゆる**良妻賢母**思想である。

　良妻賢母思想は，女性の生き方を妻と母の役割に限定する抑圧性をもつ。それは，当時から現代に続く教育や社会的待遇の男女格差の背景をなしてもいる。だが小山（2022）は，抑圧性の指摘だけでは良妻賢母思想の解明にはならないという。実際，江戸期の女性が夫・舅　姑 に従順な妻・嫁役割に閉じ込められていたのに対して，
<ruby>しゅうとしゅうとめ</ruby>
明治期の良妻賢母には**家庭教育**の主体という役割が与えられた。学校教育は次代の国民を育てる国家事業であり，家庭教育はそれを補完する。これに従事することは，女性が（妻・母として）国家的・社会的に存在を承認される契機となった。

▭ **良妻賢母の再編**　　さらに大正期，良妻賢母思想は大きく再編された。家庭内役割に支障のない範囲で女性の職業への従事が認められ（「職業婦人」），「女の特性」が精神的・文化的価値をもつとされた。「主婦」として，「母性」の持ち主として，「民本的*家庭」の主人公たれとする知識人もいた。背景には，総力戦を戦うには女性の力が必要，という第 1 次世界大戦の教訓があった（小山 2022）。

　こうした主張は，性別役割分業を維持しつつ女性を国家・社会の発展に活用するという政治性を帯びている。しかしそれでもこの思想の流行は，女性が社会的に承認されるチャンスであったがゆえに支持された。また良妻賢母思想は，高等女学校をはじめ**女子教育**の理念となり，その発展の原動力となった。そしてその女子教育制度のなかで，この思想は強化・再生産され続けたのである。

＊ 吉野作造の造語で，天皇主権体制下の民主主義のこと。

> 近代日本に「良妻賢母」という女性の理想像（イメージ）があり，それが高等女学校など女子教育の理念となったことは先の **講義** の通りです。そして，同時期に生まれたもう1つの女性像が，より年少の女性をさす「少女」でした。それはある種の雑誌が育んだイメージであり文化なのですが，さてその内容は？

▭▷ **「少女」という存在**　ここでいう「**少女**」は，単に年少の女性というのではなく，近代日本特有のイメージを帯びた一群の女子たちをさします（このことを示すため「　」をつけます）。高等女学校に通い，「少女」イメージの源泉である少女雑誌（表6-2）を買い与えられた中流（新中間層）の女子たちが，その典型です。明治初期には男子と区別されずに「少年」だった彼女たちは，1880年代以降，男女別学・別カリキュラム体制が整備されるにつれてそこから排除され，新しいカテゴリーとして「少女」が成立しました。

「少女」の時代は独特です。彼女たちは女学生であり，高等女学校卒業という学歴の獲得が期待されます。しかし高等女学校は，進学にも就職にも結びつきにくい学校です。彼女たちは「良妻賢母」になることが期待されましたが，それは高等女学校卒の学歴が必須というわけでもありません。なにより彼女たちにとって，結婚はまだ先の話でした。そんな隙間の時期を生きる女子たちは，少女雑誌というメディアを介して，「少女」の文化を共有していました。

表6-2　主な少女雑誌

雑誌名	出版社	刊行期間
『少女界』	金港堂書籍	1902- ?
『少女世界』	博文館	1906-31
『少女の友』	実業之日本社	1908-55
『少女画報』	東京社	1912-42
『少女倶楽部』	講談社	1923-62

▭ **芸術主義と清純主義**　少女雑誌には歌劇団や外国映画スターの記事・グラビア，少女小説のほか，「少女」たちをつなぐ読者投稿欄もありました。

　表紙画からは，「少女」のビジュアル・イメージがうかがえます。1930年代に『少女の友』の専属画家であった中原淳一（1913–83）は，断髪・洋装，他者に媚びない表情の「生活を持たない透明な美しい少女」を描きました。記事や小説，読者投稿欄からは，「少女」に課せられた**芸術主義**と**清純主義**

『少女の友』（1938 年 8 月号表紙 画：中原淳一）

という行為規範が読み取れます（今田 2022）。

　芸術主義は，女性の「成功」として映画スターや歌手，声楽家，演奏家，画家などの芸術家を称揚し，「少女」たちに音楽や美術など芸術的能力の向上を示唆する，記事や小説の傾向をさしたものです。もっとも，実際に芸術家になれるのは一握り。そしてそうであるからこそ芸術主義は，「少女」時代だけの理想として，現実である良妻賢母主義と齟齬をきたすことなく併存しました。

　他方，清純主義は，「清らかさ」「美しさ」「傷つきやすさ」を帯びた「少女らしさ」という規範です。読者投稿欄には，そうした「少女らしさ」が多く語られました。また少女小説には，家族関係や男性との異性愛関係とは区別された，「少女」同士の親密な関係（sister の頭文字をとって「エス」とよばれた）が描かれるなど，独特の世界が広がっていました。

☞ **文献にチャレンジ**
今田絵里香（2022）『「少女」の社会史』新装版，勁草書房

3 　子ども中心の文化と教育

講義 『赤い鳥』と大正新教育，生活綴方

▷ **童心への着目**　　新中間層の広がりとともに誕生した教育家族は，2節でも紹介したように，**子ども中心主義**の文化と教育を生み出した。この文化（**子ども観**）が都市から日本全国へと浸透するのに大きな役割を果たしたのが，雑誌**『赤い鳥』**である。

　明治期のお伽噺をはじめとした，子ども向けの読み物（童話）にみられる芸術性の欠如を主張した鈴木三重吉は，1918（大正7）年に子どものための「真の芸術」を実現するべく『赤い鳥』を創刊する。同誌では，大正期の文学界の一線で活躍する北原白秋や島崎藤村，芥川龍之介といった作家たちによる童話や童謡が掲載された。併せて，全国の小学校教師たちから寄せられた子どもの綴方（作

文）や童謡が，主宰である鈴木三重吉からの講評とともに掲載された。

　大正期は子どもの内面（**童心**）への着目がなされ，『赤い鳥』をはじめとした児童文学雑誌が大人を含む広範な読者層を獲得していく時代であった。雑誌に載せられた作品を通じて読者たちは，純粋さ，無垢さ，傷つきやすさをはじめとする子ども観を形成していった。

▷ **大正新教育の展開**　　上記の子ども観が日本社会に広がりをみせたのと

『赤い鳥』創刊号（広島市立中央図書館所蔵）

同じ時期，都市の私立小学校と師範学校の附属小学校を中心に，**大正新教育**（自由教育）とよばれる教育改造運動が全国的な展開をみせた。そこでは，欧米の新教育理論の受容とともに子どもの個性や自主性の尊重，子どもの生活に着目した教育論が主張され，同時に具体的な教育実践への関心が集まるようになる。このことを象徴する出来事として，1921（大正10）年8月に東京高等師範学校で開催された八大教育主張講演会（**八大教育主張**）がある。同講演会には，大正新教育を理論的・実践的に牽引する8名の講師が登壇し，全国各地から連日2000人を超える聴衆が集まったといわれている。

　講師の1人であった明石女子師範学校附属小学校主事の及川平治（おいかわへいじ）（1875-1939）は聴衆に向けて，これまでの教育（旧教育）は「静的」なものであり，新教育は「動的」なものでなければならないとする**動的教育論**を唱えた。彼の著書である『分団式動的教育法』（1912年）と『分団式各科動的教育法』（1915年）は，戦前の教育書として空前のベストセラーとなった。また，**池袋児童の村小学校**では，学校を構成する時間割・教師・教室やカリキュラムの意味を問い，子どもたちの**自由と自治**を基盤とする**生活教育**を主張した（➡5章2節）。教育の方法だけでなく国定教科書の教育内容を問い直す視点を含む同校の実践は，広く注目された。

▷ **生活綴方の展開**　　1930年代に入り，新たな子ども文化と教育についてのアイデアをつくりだしたのが，**生活綴方**（つづりかた）とよばれる作文教育の実践者たちである。峰地光重（みねじみつしげ）（1890-1968）や野村芳兵衛（1896-1986），小砂丘忠義（ささおかただよし）（1897-1937）たちが同人となって創刊した雑誌『綴方生活』は，全国各地で作文教育に取り組む教師たちの実践交流の場となった（➡★ウェブサポート）。

> 　デューイ（➡4章）をはじめとする欧米新教育の影響を受け，大正新教育が全国的に展開した 1920-30 年代。教育現場で新教育を実践した教師たちは，どのような人たちだったのでしょうか。ここでは，先に紹介した及川平治を手がかりとして，新教育の時代を生きた教師たちの実像にスポットをあててみたいと思います。

▷「**教育の事実**」　　及川平治は，学級の子どもたちの能力に合わせてグループ（分団）をつくり，指導を進める**分団式教育**による授業改革の必要を主張したことで知られています。彼の教育論を支えていたのは，初任校で担任した**複式学級**での経験でした。複数学年を 1 つの学級で指導する複式学級のなかで及川は，別の学年への指導の間，自習を強要されてしまう子どもたちの苦痛を感じたといいます（橋本・田中 2021）。その後，小学校教員養成に舞台を移した及川ですが，一貫してこだわりをもったのが「**教育の事実**」でした。彼は，当時の教育学を「空理空論」を振りかざすものであるとし，教育者もまた（上述の複式学級の問題をはじめとする）「重大なる

実践問題」（つまり教育の事実）を見過ごしていると批判し，教育現場の実態に根ざした教育論を展開していきました。

▷ **実践と理論をつなぐ**　及川は「教育の事実」へのこだわりとともに，H.ベルクソン（1859-1941）の生命哲学を手がかりとして，自らの分団式動的教育法を根拠づける理論の探究を進めていきます。当時の教育雑誌をみると，新教育を積極的に受容する現場教師たちの思索の跡にふれることができます。彼（女）らは，自らの実践に引きつけて，デューイやベルクソンの哲学，**ドルトン・プランやプロジェクト・メソッド**（➡★ウェブサポート）といった欧米新教育の理論を学んでいきます。それは，一人の実践者であると同時に，学習者であり，研究者であろうとする教師たちの実践と理論をつなごうとする試みであったといえます。

▷ **「学問する教師」たち**　及川は晩年，学級経営に必要なテクニックについて論じるなかで，実践問題の解決には**「哲学を利用すること」**と**「科学を利用すること」**の2つが必要であると論じています（橋本・田中 2015）。及川は，その生涯において教育実践を向上させる理論を求めるとともに，教育実践のなかで獲得した知を理論化する努力を惜しまなかったのです。

　大正新教育を実践した多くの教師たちは，教育学のみならず，哲学や文学，社会科学，心理学など，さまざまな学問の成果を自らの「教育の事実」と結びつけようとしました。その意味において，彼（女）たちは**「学問する教師」**たちであったといえるでしょう。将来教師になることに迷っているとき，教師としていかに生きるかについて考えてみたいとき，大正新教育の担い手たちからのメッセージは，たくさんの示唆を与えてくれるはずです。

☞ **文献にチャレンジ**
橋本美保・田中智志編著（2021）『大正新教育の実践』東信堂

 *Report assignment*　レポート課題

本章の内容を振り返って，下記の2つについてそれぞれ200字程度でまとめてみましょう。

① 1910–30年代の教育文化や生徒文化はどのようなものだったか（とくに男女差を意識すること）。

② 現在の大学生の文化とは，どのような性格のものか。

Further readings　次に読んでほしい本

浅井幸子（2008）『教師の語りと新教育──「児童の村」の1920年代』東京大学出版会

戸田山和久（2020）『教養の書』筑摩書房

難波知子（2012）『学校制服の文化史──日本近代における女子生徒制服の変遷』創元社

元森絵里子・高橋靖幸・土屋敦・貞包英之（2021）『多様な子どもの近代──稼ぐ・貰われる・消費する』青弓社

山口輝臣・福家崇洋編（2022）『思想史講義【大正篇】』筑摩書房

吉見俊哉（2011）『大学とは何か』岩波書店

Book/Cinema guide　読書・映画案内

吉野源三郎原作／羽賀翔一漫画（2017）『漫画 君たちはどう生きるか』マガジンハウス

▶児童文学者であり，岩波書店の雑誌『世界』の編集長も務めた吉野源三郎の作品（1937年）を，漫画家の羽賀翔一が漫画化（2017年）。旧制中学2年生の「コペル君」が，「おじさん」に導かれながら，倫理や社会科学的なものの見方を学んでいきます。昭和の教養主義を感じてください。

戦時下の教育，
そして戦後へ

1940–50 年代

Quiz クイズ

　1944 年 7 月，本格的な空襲の危険が迫るなか，東京都は，国民学校（戦時下の初等教育機関）に在籍する児童を集団で他県に送り出すことを決めました。学童集団疎開です。子どもたちは親元を離れ，教師の引率のもと，空襲の危険性が低い遠隔地へ行くことになりました。

　この政策を実行するため，当時の東京都長官大達茂雄（1892–1955）は，都下のすべての国民学校長を招集して国民学校長会議を開催，その席上で疎開の意義を説く訓示を行っています。

　大達曰く「要するに帝都の学童疎開は，其の防空体制の強化であり，帝国将来の国防力培養でありまして，帝都学童の□□□□*を示すものであります」。

　さて，文中の□□□□に入る大達の言葉は，以下のうちどれだったでしょうか。

a. 生活防衛　**b.** 安全保障　**c.** 緊急避難　**d.** 戦闘配置

*1944 年 7 月東京都「国民学校校長会議に於ける都長官訓示」（品川区立品川歴史館編『品川の学童集団疎開資料集』1988 年，所収。なお原文のカタカナはひらがなに，旧字は新字に改めた）

★本章の学習をサポートするウェブ資料は，右の QR コードよりご覧いただけます。

Answer クイズの答え

d. 戦闘配置

　「疎開」は，空襲や火災の損害を減らすため都市部に集中する人や物を遠隔地に分散することで，その限りでは「避難」です。ただし元をたどれば，兵士間の距離・間隔を開きながら前進する「戦法」を意味しました（疎開戦法）。密集した軍隊は一度の攻撃で全滅してしまうため，間を開けてそのリスクを減らし，兵力を温存しながら戦闘を遂行するというわけです。ですから学童集団疎開には，子どもは戦争の「資源」であるというニュアンスが伴います。疎開は「戦闘配置」（逸見 1998）であり，子どもたちは，「将来の兵力を温存する」という意味で地方に送られたのでした。

Chapter structure 本章の構成／関連する章

［関連する章］

1 **戦時下の教育と子どもたち**
Keywords
錬成／国民学校／少国民

第5章
日本における近代学校の
はじまり

2 **戦後教育の理念**
Keywords
日本国憲法／教育基本法／民主主義

第4章
学校という
難問

第9章
問われる
学校の価値

3 **戦後教育をめぐる政治の構図**
Keywords
保守と革新／日本教職員組合／教育委員会

Goals 本章の到達目標

1. 戦時下における教育の変容について知る
2. 戦後日本の教育制度の枠組みについて知る
3. 教育と政治のあるべき関係について自分なりの考えをもつ

Introduction 導入

民主主義ってムズカシイ

ナナ　ケイタ

 ナナ「お，ケイタくん，おはよう。昨日はアルバイト初日だったんでしょ？ 居酒屋さんだっけ？ どうだった？」

ケイタ「いやもうほんと，まいったよ。会社帰りのおじさんたちにからまれちゃってさ。『教育学部生か？ 将来は学校の先生だろ？ いいかよく聞け，そもそも教育ってのはなぁ』って」

ナナ「それはそれは……」

ケイタ「日本の教育をどうするかなんて，『お上』が考えることでしょうにね。文部科学大臣とか優秀な官僚とかさ。一介の学生に説教してどうすんだって話だよね」

ナナ「ふーむ，その言い方はちょっと聞き捨てならないなぁ」

ケイタ「えー，ナナさんまでお説教？」

ナナ「そんなつもりはないけど。でも，日本の主権者はわたしたち国民だからね。ケイタくんも 18 歳になったわけだし，政治家や官僚にお任せってのはどうなのかな。やっぱり民主主義の理念を尊重して，みんなで考えて決めていかなくちゃ」

ケイタ「民主主義，ねぇ。あの居酒屋談義が」

ナナ「う，うーん，いや，さすがに居酒屋談義は困るよね。まともな議論にはならなそうだし。いやでも，みんなで議論するのは大事で……」

ケイタ「んー？ ナナさん珍しく歯切れが悪いね？ じゃあ教育のあれこれって，誰がどうやって決めるのがいいの？ そもそもなんで，政治家や官僚にお任せじゃだめなの？」

> 教育に民主主義がないとどうなる？

1　戦時下の教育と子どもたち

講義　教育から「皇国民の錬成」へ

▷ **総力戦体制と教育**　　かつての大日本帝国は，1931（昭和6）年の柳条湖事件（満州事変）を皮切りに，1937年に日中戦争を開始，さらに1941年にアメリカ，イギリス，ソ連など連合国軍との戦争に突入した。日本の敗戦に終わるこの足かけ15年にわたる戦争は，十五年戦争あるいはアジア・太平洋戦争とよばれている。

　それは軍事，政治，経済，思想，文化など国家の総力をあげて行われる総力戦であった。そのなかで，教育もまた戦争遂行という目的のためにそのあり方を大きく変えることになった。

▷ **錬成とはなにか**　　戦時下教育の教育用語に「**錬成**」がある。「錬磨育成」の意であり，「児童の陶冶性を出発点として皇国の道に則り児童の内面よりの力の限り即ち全能力を正しい目標に集中せしめて錬磨し，国民的性格を育成する」（文部省普通学務局 1942）とされた（「陶冶性」とは成長・発達の可能性のこと）。それは明治以来の教師中心，知識偏重，画一主義的な旧教育の打破という，大正新教育（自由教育）にも通じる問題意識を前提とした。子どもたちは，戦争という国家目標への自発的献身を求められたが，錬成は，そのような**人格の陶冶**を可能にする教育（方法）概念とされた。

　ちなみに錬成には「道場型錬成」と「生活型錬成」の2種がある（寺崎ほか 1987）。前者は日常生活から離れた特別な施設（道場など）で実施されるもので，「**行**」とよばれる宗教的な行事や農耕作業を通した人格陶冶をねらいとしている。後者は日常生活そのものをそうした「行」に変えていくというものだった。

▷ **戦争のための教育改革**　錬成概念を軸とした**戦時下の教育改革**を象徴するのが，明治以来の尋常小学校・高等小学校に代わるものとしてつくられた**国民学校**（初等科6年，高等科2年）である（➡★ウェブサポート）。「皇国の道に則りて初等普通教育を施し国民の基礎的錬成を為すを以て目的とす」（国民学校令1条）と掲げる国民学校は，それまでの教科目（教科）を国民科・理数科・体錬科・芸能科の4教科（高等科は実業科を加える）へと再編・統合した。また教科外の儀式・行事等の重視など，それまでの初等教育のあり方を大きく変えるものであった。

改革は初等教育にとどまらない。教員を養成する師範学校，その他中等・高等教育機関でも，集団勤労作業などの「行」が実施された。青少年の学校外生活を錬成の場とするべく，学校報国団や青少年団が作られた。各職場の産業報国会，各地域の銃後報公会や在郷軍人会，婦人会なども戦時下教育の一部であった。こうした戦時下の国家主義・軍国主義的教育改革により，日本の教育システムは，人々の心身を戦争の「資源」として育てつつ動員する巨大なシステムへと再編されていった。

▷ **錬成の矛盾／教育の崩壊**　そうして進められた教育改革であったが，しかし実態としては，戦局の悪化とともに空洞化・形骸化していったことも事実である。1941年以降，労働力不足を補うため，中等・高等教育機関の生徒・学生が食糧生産や軍需工場の労働へ動員されるようになる。授業は一部停止となり教育は空洞化したが，代わりに強いられた勤労生活は国民の歩むべき道を感得する絶好の機会だとして正当化された。国民学校初等科は授業停止を免れたが，そもそも子どもたちの多くは食糧不足で生活もままならず，空襲で家や家族を失う場合も少なくなかった。1943年からは学徒出陣により，大学等に在籍する学生・生徒の多くが学業を諦め，軍隊への入隊を余儀なくされた。

少国民ってどんな子ども？

アジア・太平洋戦争中の日本には，「少国民」という言葉がありました。国民学校に通っている子どもをさす言葉ですが，同時に，心身を鍛錬して勉学に励み，戦争の大義を理解してそこに積極的に参加する子どもという，いわば戦時下の模範的な子ども像の表現でもありました。戦時下の教育と社会は，「少国民」であることを子どもに求め，また少なくない子どもたちがそうした「少国民」像を内面化していきました。

「少国民」とはどんな子どもたちだったのでしょうか。

▷「**少国民」とはなにか**　戦時下においては，学校だけではなく社会全体が，戦時下の理想の子どもとしての「**少国民**」を喧伝しました。左下は歌謡曲「勝ちぬく僕等少国民」の歌詞です。子どもたちはこうした曲をラジオで聞き，口ずさむことを通じて，皇国民（天皇の民）として命をかけて戦うという規範を内面化していったと考えられます。

こうした「少国民」意識は，作家山中恒（ひさし）が自身の体験をもとに戦時下の教育と社会や子どもの状況を綴った『ボクラ少国民』（山中 1974）に克明に描かれています。山中は，当時の自分たちは完璧な皇国民＝天皇制ファシストになることに喜びと誇りをもっていたと回想します。当時の社会環境と教育双方の影響を受けながら，子どもたちは，自発的・主体的に戦争に関わっていきました。

もちろん「少国民」を一括りにはできません。国民学校→学童集団疎開→

勝ちぬく僕等少国民
　　　　作詞：上村数馬
　　　　作曲：橋木国彦
勝ちぬく僕等少国民
天皇陛下の御為に
死ねと教へた父母の
赤い血潮を受けついで
心に決死の白襷
かけて勇んで突撃だ

空襲→敗戦→(戦後の) 青空教室というストーリーで描かれがちな「少国民」の戦争体験ですが，それは都市部の子どもだけに焦点をあてた偏った見方です（大門 2019）。

　逆に農村の子どもたちの戦争体験としては，まずは戦争関連の記念行事や授業，防空演習，体操や行軍訓練などがあります。戦局悪化とともに増えていった，出征兵士の見送りや戦死者の出迎えなどもそうでしょう。もともと労働力として家業に組み込まれていた農村の子どもたちでしたが，成人男性の出征や戦死により，代替の労働力としてさらなる負担を強いられることにもなりました。

▷ **戦争資源としての子ども**　最後に，都市部の「少国民」体験をみておきましょう。豊島区の国民学校 6 年生だった吉原幸子は，1944（昭和 19）年 8 月群馬県に集団疎開しています。日記に記された疎開体験の記録は大変貴重ですが，ここで注目したいのはその直前の記述です。疎開の際には，疎開に耐えうる身体を選別するための身体検査がありましたが，幸子は検査なしで疎開を許可されました。「弱い人の中に入れ<ruby>な<rt>ら</rt></ruby>れなかったのは<ruby>始<rt>初</rt></ruby>めてだ。うれしかった」と彼女は記しています（豊島区立郷土資料館 1992）。

　当然その背景には，体が弱いために疎開できなかった児童の存在があります。扱いの違いは，戦争の「資源」たりうるかどうかに起因しました。健康な子どもは「資源」であるがゆえに保護され，虚弱児はそうではありませんでした。同じ論理で，障害のある子どもが疎開対象から外された，世田谷区の光明国民学校のような事例もあります。当時の，優れた「少国民」とは，「優良な戦争資源」であるということにほかなりませんでした。

☞ **文献にチャレンジ**
大門正克（2019）『民衆の教育経験 ── 戦前・戦中の子どもたち』
　増補版，岩波書店

2　戦後教育の理念

戦後教育改革

▷ **軍国主義の排除へ**　　日本政府は 1945（昭和 20）年 8 月 14 日にポツダム宣言を受諾，戦争は日本の無条件降伏という形で終結した。敗戦後の日本は，アメリカが主導する占領政策のもとで，戦後の新しい教育制度を模索することになる。戦後教育改革である。

　　占領政策を担当した連合国軍最高司令官総司令部（GHQ）による占領初期の教育政策としては，1945 年のいわゆる「**四大指令**」がある（表 7-1）。これらは大日本帝国期の教育における軍国主義・超国家主義の排除を目的としていた。

▷ **新しい教育制度の模索**　　敗戦翌年からは新しい教育制度の準備が進められた。連合国軍総司令官 D. マッカーサーの要請によりアメリカ本国から教育の専門家が招かれ（アメリカ教育使節団），個人の価値と尊厳を認め，自由と平等を価値とする**民主的な教育制度**が提言された。具体的には，**6・3・3 制**の**単線型学校制度**，**男女共学**，**教育の地方分権**，**公選制の教育委員会制度**などがある。

　　その後これらの提言は，日本側の教育刷新委員会に引き継がれ，実際の制度に結実する（➡★ウェブサポート）。ただし単線型学校制

表 7-1　GHQ「四大指令」（いずれも 1945 年）

- ・日本教育制度ニ対スル管理政策
- ・教員及教育関係官ノ調査，除外，認可ニ関スル件
- ・国家神道，神社神道ニ対スル政府ノ保証，支援，保全，監督並ニ弘布ノ廃止ニ関スル件
- ・修身，日本歴史及ビ地理停止ニ関スル件

度など提言の一部は日本でも 1930年代に議論されていた。その意味ではこの改革は，占領政策の単なる押

し付けではなく，日本側の主体的な努力を下敷きにしていた。

▷ **国民の権利としての教育**　　戦後日本の教育制度で注目すべき論点は極めて多岐にわたるが，ここではその理念を集約的に示すものとして，日本国憲法と教育基本法についてふれておきたい。

　かつての大日本帝国憲法下における主権者は天皇であり，教育とは天皇の「慈恵」として臣民に与えられるものだった。教育制度は基本的に天皇の命令である勅令によって定められ，その根本規範は天皇の「お言葉」である教育勅語に求められた（➡5章3節 **問い**）。これに対して戦後の**日本国憲法**（1946年）では，教育は**国民の権利**となった。こうした権利主体の転換は，教育制度の根本的な転換を意味する。

　そしてこの憲法理念を具体化するものとして成立したのが，**教育基本法**（1947年）である。前文と全11条からなるこの簡潔な法律は，新しい教育目的・方針，**教育の機会均等**，**9年の義務教育**，男女共学といった理念を掲げ，学校教育や社会教育，また政治教育や宗教教育，教育行政のあり方を示している。

▷ **「国民」をめぐって**　　ただし後年の研究では，普遍的理念を掲げる教育基本法が，教育を受ける権利の保障対象を「国民」すなわち日本国籍保持者に限定しているという問題が指摘されている。実際，日本社会には昔も今も多くの非日本国籍者が暮らしているが，戦後の教育制度がそうした人々の権利を保障しているとは言いがたい（その現代への影響については➡9章）。

　これは偶然ではなく意図されたものだった。占領期，使節団やGHQは教育保障の範囲を the people すなわち「日本列島に住む人々」と考えていた。しかし教育基本法の条文を作成した日本側の官僚は，これを GHQ が参照する英語版では the（whole）people とするも，日本語では「国民」と表現して使い分け，意図的に対象範囲を限定していたことが明らかになっている（小国 2007）。

| 問い | 民主主義の学び方とは？ |

> 　国内外の多くの人々が傷つき，命を落としたアジア・太平洋戦争。この過ちを繰り返さないためには，現代を生きるわたしたち一人ひとりが，歴史に学び，良識と責任をもって政治的決定に参加すること，すなわち民主主義が必要です。そして戦後の新しい教育は，そんな民主主義を準備するものとしてつくられました。
> 　戦後間もない頃の日本で試みられた民主主義のための教育とは，一体どんなものだったのでしょうか。

▷ **社会科と『民主主義』**　　日本国憲法が公布・施行（1946・47年）されて間もなく，文部省（当時）は『民主主義』（上・下）（1948・49年）という中学・高校**社会科**教科書を作成・配布しました。GHQ の関与のもと，東京大学の法学者や経済学者が分担執筆したこの教科書は，ソ連の共産主義への対抗意識という一定の政治性を含みつつも，高度な**民主主義**論を中高生向けに平易に説いています。

　ちなみに社会科は戦後の新設教科です。1947 年 4 月にはじまった社会科は，アメリカの social studies の輸入という側面をもちつつ，1910-30 年代に隆盛した日本の**自由教育**（**合科学習**など）や郷土教育の蓄積のうえに，戦後民主主義の理念を体現する新しい「花形教科」でした。その目的は，「社会生活についての良識と性格とを養う」（1947 年学習指導要領）こととされました。

▷ **『民主主義』の民主主義観**　　そんな新しい教科書が説く民主主義とは，どのようなものだったのでしょうか。同書「はしがき」では，民主主義は「心」だと述べられています。多くの人々は民主主義を「政治のやり方」（選挙）だと誤解しているが，重要なのは，すべての人間を価値ある個人として取り扱う「心」であり，それが日本社会に幸福と繁栄をもたらすのだと。

▷ **民主主義の「心」の学び方**　　政治のやり方（選挙）よりも，「心」を強調するこうした民主主義論は，異論もありうる独特なものです。もちろん，選挙のような政治制度が有効にはたらくには人々の健全な政治意識（心）が必要ですが，しかし「心」さえあれば政治制度はどうでもよいとはいえません。

　他方で，そうした民主主義の「心」を育む方法論について，同書が1つの章を割いて語っていることは目を引きます。「第14章　民主主義の学び方」にはこうあります。

> 　泳ぎ方を学ぶ唯一の方法は，実際に泳いでみることである。つまり，実際にやってみることによって学ぶのが，教育の根本原理なのである。／民主主義の場合もそれと同じである。　　（文部省 2018）

　アメリカの哲学者**デューイ**（➡4章2節）の教育哲学に通じるこの主張は，民主主義なるものが，書物のなかにある観念や理論ではなく，社会を生きる人々の考え方，行動，生活そのもののなかに存在するものだという理解を前提としています。ですから民主主義は必然的に，知識として暗記するものではなく，「為すことによって学ぶ」ものになるというのです。

　ですがそうすると，実社会ではない学校では民主主義は学べないのでしょうか。それは違います。なぜなら学校とは，それ自体がすでに1つの**社会**だからです。例えば，学校の校友会（生徒会）は，そうした民主主義を学ぶ格好の場です。あるいは同書は，生徒が地域で行う校外活動を勧めています。学校の内外でこうした民主主義的な共同生活を行うことによって，生徒はほんとうの民主主義の「心」を身につけることができるというわけです。

☞ **文献にチャレンジ**
文部省（2018）『民主主義』KADOKAWA

3　戦後教育をめぐる政治の構図

講義　教育における「保守と革新」

▷　**教育の再中央集権化**　　前節で占領期における「教育の地方分権」の理念にふれたが，実際戦後の教育制度は，新しい教育の実現を地方の人々の意思に，また教員の自主的な努力に期待する点に特徴があった。戦前・戦中期の教育が国家（文部省）の強い統制下にあったのに対して（**教育の中央集権**），戦後，教育に関わる事務の多くが，地方教育委員会の所掌とされた（**教育の地方分権**）。また 1947（昭和 22）年に発行された最初の**学習指導要領**は，強制力のない「試案」とされた。いずれも，戦前・戦中期における中央集権的，上意下達式の教育のあり方への反省がうかがわれる事実である。

　しかしそうした戦後教育の性格は，早くも 1950 年代に見直されていく。まず 1954 年，教員の政治教育や政治活動を制限する「教育二法」が可決され，**教員統制**が強化された。1956 年には教育委員会委員が地方行政の長による任命制となったが，これは教育委員会の独立性を弱める施策といえる（本節 **問い** で詳述）。さらに 1957 年には，多くの反対を押し切って教員の勤務状態を評価する勤務評定制度が全国化された。

　教育内容に関しても，1958 年に学習指導要領が法的拘束力をもつ文書となったことは，国家（文部省）による教育実践への統制強化を意味している。ちなみにこの要領で新たに「**道徳の時間**」が特設されたが，これも軍国主義教育の復活につながるとして多くの教員や教育学者が反対していたものだった。総じてこの時期，国家による教育（教員）統制，（再）中央集権化が進んだといえる。

▷ **教育をめぐる保守と革新**　　そうした（再）中央集権化の過程は，激しい政治的な対立を伴っていた。すなわち，教育における保守 VS 革新，あるいは国家・文部省 VS 日本教職員組合という対立（保革対立）である。

日本教職員組合（日教組）は教職員の労働条件向上を求める労働運動，「教え子を再び戦場に送るな」の標語を掲げた平和運動，教育実践の交流・発展を企図した教育運動を推進する，教職員の団体である。1947 年に穏健な中立系労働組合として結成された日教組は，1950 年前後のサンフランシスコ講和問題を契機として，親米保守の自民党政権（1955 年成立）や文部省と激しく対立するようになる。この過程で日教組は，保守勢力に対抗する革新勢力の一角を占めるに至った。こうした経緯を加味すれば，先の国家（文部省）による教育統制とは，日教組（革新勢力）を抑え込もうとする保守政権下の教育行政とそれに抵抗する日教組という，保革対立の一場面であったことがみえてくる。

▷ **戦後教育をどうみるか**　　ただし近年の研究では，保革対立図式の細部にある，より複雑な歴史の力学にも注目が集まっている。実際，1950 年代初頭までの文部省と日教組の関係は比較的良好であったし，その後約 40 年間鋭く対立するも，1995 年には「歴史的和解」が成立している。両者の対立は不変ではない。またそもそも日教組は自律性をもった各地域の組合の連合体であり，内部には社会党系（主流右派・左派）や共産党系（非主流派）といった派閥を抱えた複雑な存在だった（広田 2020）。

保革対立は戦後教育史の事実であると同時に，これを理解するための有効な認識枠組みだが，最新の研究は，その枠組みではとらえきれない歴史的事実にもアプローチしている。本書では詳しく言及しないが，今後の研究の進展が期待される。

問い 変遷する教育委員会の背後にあるのは？

> 2節 講義 でも述べたように，教育委員会は戦後教育改革の目玉の1つでした。しかしそんな教育委員会は，作られて10年も経たないうちにそのあり様を大きく変えていきます。結論からいえば，その変遷の背後には，3節 講義 でふれた保革対立の政治がありました。その一部始終を確認してみましょう。

▷ **教育委員会の3つの理念** **教育委員会**は都道府県・市町村等に設置された**教育行政**を担当する行政委員会です。文部科学省（旧文部省）が国の教育行政を担当するのに対して，教育委員会は各地方の教育事務を執行する機関です（➡★ウェブサポート）。

1948年の教育委員会法によって設置された教育委員会には，3つの理念があります。①地方主体で教育を決定する「**教育の地方分権**」，②地方行政（首長）から独立して教育行政を行う「**一般行政からの独立**」，③地域住民の意思を教育に反映させる「**民衆統制**」の3つです。①と②のため，教育委員会は文部省の下部組織ではなく，地方の首長部局からも独立した組織となりました。また③のため，選挙で委員が選ばれる公選制でした。教育委員会は7人（都道府県）または5人（市町村等）の委員からなり，委員のうち1人は議会から選出される議員をあて，他は住民の直接選挙で選ばれました。

そうして選ばれた教育委員が地域の教育を議論し，その決定に基づいて教育委員会事務局が，学校の設置，廃止，管理，教科書の選定などの重要な事務を執行します。これを取り仕切るのが，教員委員会が任命する教育長です。また教員の人事権も教育委員会にあります。そしてこうした教育委員会事務に対して，文部省（当時）は一般的指揮監督権限をもたないとされました。教育委員会は，地域の教育に関して独立の権限をもつ組織でした。

▷ **教育委員会の大改革**　　しかし 1956 年に教育委員会法は廃止され，新たに「地方教育行政の組織及び運営に関する法律」（地教行法）が制定されます。公選制は廃止され，教育委員会の委員は首長の任命制となりました。これは，民衆統制や一般行政からの独立の理念の後退を意味します。さらに，実務を担う重要な役職である都道府県教委の教育長の任命に，文部大臣の承認も必要となり，国家（文部省）がもつ地方への影響力も強まりました。

▷ **保革対立のなかの教育委員会**　　改革の背後にあったのが保革対立です。1948 年の教育委員選挙で選ばれた都道府県教育委員のうち 34.4% が現職教員，前歴が教員の者を加えれば 71.6% が教員経験者でした。こうした状況は 1950 年代に入っても続きました（52 年 10 月段階で 50.8%）。これを支えたのが日教組や革新政党です。こうした状況はおそらく，当時の保守系政治家たちにとって脅威だったでしょう。また地方教育行政の統制（タテの行政系列）を再度確立したい文部省としても，地方教育行政が日教組の影響下におかれるのは見過ごせない問題でした（新藤 2013）。

　そうした経緯から 1956 年 3 月，政府・自民党は，「教育における政治的中立性」の確保を旗印に地教行法を国会に提出しました。地方教育行政に対する革新勢力の影響力を弱め，中央集権体制を強化する意図があったと考えられます。審議は紛糾し，同年 4 月に警官隊の導入という大混乱のなかで可決されました。

　このように，教育委員会の歴史的経緯は，まさに教育をめぐる戦後政治そのものだったといえます。もっとも，それは教育委員会だけに限りません。学力テスト，教科書，国旗・国家，教員の働き方——教育はいつの時代も，政治の渦中にあります。

☞ **文献にチャレンジ**
新藤宗幸（2013）『教育委員会——何が問題か』岩波書店

☞ Report assignment　レポート課題 ///////////////////////////////////////

本章の内容を振り返って，下記の2つについてそれぞれ200字程度でまとめてみましょう。

① アジア・太平洋戦争の前後で，日本の教育はどう変わったか。

② 戦後の教育をめぐる政治の対立点とは。

//

☞ Further readings　次に読んでほしい本 ///

呉永鎬（2019）『朝鮮学校の教育史――脱植民地化への闘争と創造』明石書店

荻野富士夫（2022）『戦前文部省の治安機能――「思想統制」から「教学錬成」へ』新装版，明誠書林

小熊英二（2002）『〈民主〉と〈愛国〉――戦後日本のナショナリズムと公共性』新曜社

戸田金一（1997）『国民学校――皇国の道』吉川弘文館

牧原出（2022）『田中耕太郎――闘う司法の確立者，世界法の探究者』中央公論新社

山本昭宏（2021）『戦後民主主義――現代日本を創った思想と文化』中央公論新社

☞ Book/Cinema guide　読書・映画案内 ///

© 1949 TOHO CO., LTD.（Blu-ray & DVD 発売中，発売・販売元：東宝）

『青い山脈 續青い山脈』（今井正監督，1949年）
▶原節子演じる島崎雪子は，封建的な価値観の残る戦後の高校を舞台に，新しい時代の男女のあり方を問います。女性教師雪子の振る舞いに仮託された戦後民主主義を読み解き，その評価について考えてみてください。

成長する経済,
そのとき若者は

1960–70 年代

Quiz クイズ

「ただ今乱戦 "金の卵" 争奪」(朝日新聞 1969 年 8 月 26 日夕刊 10 頁)

　1969 年の新聞記事,東京都足立区の板金工業会社の専務が,深々と頭を下げています。「金の卵」をくれる人たちに感謝といったところですが,さてここでいう「金の卵」とは,いったいなんでしょう?

a. 差し入れの高級卵　**b.** 板金の原材料になる金属　**c.** 新人工員

★本章の学習をサポートするウェブ資料は,右の QR コードよりご覧いただけます。

Answer クイズの答え

c. 新人工員

　時は高度経済成長期，生産を拡大し会社を大きくしたい経営者たちにとって，質のよい新人を大量に確保することは死活問題でした。中卒・高卒の新規学卒者をなんとか囲い込み，会社に定着させようと，大手企業も中小企業もなりふりかまっていられなかったのでした。先ほどの会社は，新人工員の家族を工場に招待し，宿泊にヘルスセンター（保養・レクリエーション施設）を予約し，観光バスで都内見物を企画して歓迎した，と記事は伝えています。

Chapter structure 本章の構成／関連する章

[関連する章]

1 「右肩上がり」の時代
Keywords
高度経済成長／集団就職／大衆教養主義

↓

2 成長する社会の教育
Keywords
人的能力開発政策／能力主義／高校進学熱

↓

3 成長の陰で
Keywords
公害／環境破壊に抗する教育／公益

第6章
大衆化する
教育

第10章
学力／能力
を教育学
する

第11章
学校と地域を教育学する

Goals 本章の到達目標

1. 高度経済成長と学校教育の関係の歴史について理解する
2. 高度経済成長の負の側面としての公害（環境破壊）について，教育（学）の主題として考えることができるようになる

Introduction 導入

経済と教育の深〜い関係

ケイタ　ナナ

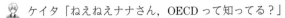

🧑 ケイタ「ねえねえナナさん，OECD って知ってる?」

👧 ナナ「ふふん，これでも大学院生ですからね。Organization for Economic Cooperation and Development の略だよ。日本語で『経済協力開発機構』だね。経済成長，貿易自由化，途上国支援が目的の国際機構で，教育分野だと，世界の義務教育修了段階の 15 歳を対象にした，国際的な学力調査 PISA をやってる。それがどうかしたの?」

🧑 ケイタ「ん? いや，有名な学力テストやってるのが『経済協力開発機構』ってことが不思議だなっていうか……えーと」

👧 ナナ「そうね，イメージ的には，教育と経済って別物って感じがするかも。だけど実際のところ OECD って，グローバルな教育のトレンドの発信源だからね。DeSeCo の "キー・コンピテンシー" とか，最新の "Education 2030 プロジェクト" とか」

🧑 ケイタ「(あわわ，アルファベットやカタカナの洪水……) へ，へー，聞いたことはあるかな。そういうのって，昔からそうなの? 教育を経済をベースに考えるっていうかさ」

👧 ナナ「もちろん明治の近代教育のはじまりの頃だって殖産興業と学校制度の整備は関係してたけど，でも日本で教育政策が経済政策でもあるものとして本格的に議論されるようになったのは，やっぱり高度経済成長期じゃないかな。えーと今からだいたい……」

高度経済成長ってなに? 教育と経済の関係とは?

1 「右肩上がり」の時代

講義 高度経済成長期の若者たち

▷ **高度経済成長** 1950年代半ばから70年代初頭にかけて，日本社会は**高度経済成長期**を経験した。この間日本経済は年平均実質経済成長率約10%を記録し，それに応じて社会も大きく様変わりした。1958年の東京タワー竣工，64年の東海道新幹線開業と東京オリンピック開催，OECD（経済協力開発機構）への加盟，70年の日本万国博覧会（大阪万博）の開催などは，この時期の成長を象徴する出来事といえるだろう。

　この歴史的な経済成長の要因はなにか。まずこの時期，企業が継続的に活発な設備投資を行っていたことがある。「投資が投資を呼ぶ」といわれた連鎖的な企業の設備投資は，経済成長のエンジンとなった。また労働力の面では，地方から都市部に良質で豊富な労働力が供給されたことも大きい。政治面では，池田勇人首相の所得倍増計画に代表される産業優先政策がその状況を後押しした。

　もちろんそうして生産が拡大されても，つくったものやサービスが売れなければ経済は成長しない。そうした需要の観点からいえば，国民の側にもより豊かな生活を求める強い消費意欲があった。1950年代の「三種の神器」（白黒テレビ，洗濯機，冷蔵庫），60年代の「3C」（カラーテレビ，自動車，クーラー）は，それぞれの時代の耐久消費財ブームを象徴する商品といえる。高度経済成長の背景には，そうした物質的な豊かさを求める人々の思いがあった。

▷ **重宝される「金の卵」たち** 高度経済成長期には，**若者のライフコース**や教育の状況も大きく変化した。地方に残り地域社会

（共同体）を支える青年たちがいる一方，1950年代から60年代にかけて，土地や財産を継承できる見込みの少ない二三男や若年女性を中心に，多くの若者が中卒で都市部に流入した。**集団就職**である。学校や職業安定所の仲介により，都市部の中小零細企業の集団求人に応じて，毎年春先に「集団就職列車」でやってくる若者たちは経済成長の資源であり，「**金の卵**」とよばれ重宝された。

 **高まる高校進学熱**　　**中卒**で職業社会に飛び込む「金の卵」たち——だがそうした構図も，高度経済成長期の中盤以降には変化していく。**高校進学者**の急増である。1960年代初頭にはまだ60％ほどだった**高校進学率**は，70年代中盤には90％を超えた（図8-1）。この間文部省は，高校教育を受けるに足る資質と能力をもつ者に入学者を限定する「**適格者主義**」を打ち出すも（1963年「公立高等学校入学者選抜要項」），人々の進学要求が衰えることはなかった。「受験地獄」「受験戦争」とよばれる過酷な**学力競争**を生じさせつつも，高校進学は日本社会の一般的なライフコースの一部として根づいていった（➡2節）。

図8-1　戦後日本における中等・高等教育機関への進学動向 ————————

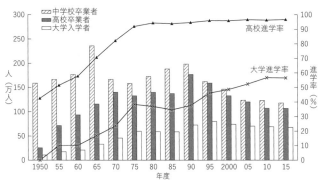

（出所）　文部科学省「学校基本調査報告書」をもとに作成。

問い **働く若者が学び続けた理由は？**

　中卒で働く戦後の勤労青年たち。高校へ進学することなく働きはじめた彼ら彼女らですが，学ぶことそのものから卒業したわけではありません。むしろ働く若者たちは，地方でも都会でも，男女の別なく，労働の合間を縫うように学びを求めました。なぜ彼ら彼女らはそこまでして，学び続けようとしたのでしょうか。

▷ **村の若者の教養ブーム**　　戦後の地方農村部では，戦前から続く青年団や，青年学級振興法（1953年）にもとづく青年学級事業を母体として，戦前の教養主義（➡6章）とは区別される**大衆教養主義**が流行しました。読書会・勉強会で社会科学の学習が熱心に行われ，講演会や弁論大会が開催されました。主題も，村の青年の実態や二三男問題（土地などを継承できない二三男の処遇）から，平和，民主主義，原子力まで多岐にわたりました。勉学や読書は農業に実利をもたらすわけではないため，周囲の年長者は冷ややかだったといいます。しかしそんな逆境においても，若者たちは教養を求めました。彼らにとって教養は，実利を超えた価値だったからです。

　また地方農村の若年女性には，茶道，生け花，和・洋裁，料理などの「花嫁修業」「お稽古事」が人気でした。これは一面では性別役割分業への適応ですが，「農家の嫁」には不必要とされた教養を求める彼女たちの姿からは，女性が抑圧・酷使される封建的共同体からいかに離脱するか，という切実な関心がうかがわれます。

▷ **教養のための定時制**　　他方，高度経済成長期には地方から都市への大規模な人口流入がありました。ここには「集団就職」の勤労青年たちが含まれていましたが，彼ら彼女らも教養を強く求めました。そのニーズを受けとめたのが**定時制高校**でした。

　定時制高校は9年の義務教育を終えた勤労青年に**高校教育（後期**

中等教育）を提供すべく設置された正規の教育機関です。ただし全日制高校が3年間の課程なのに対して，定時制の修行年限は4年以上とされました。全国に設置されましたが，地方の定時制は交通の便の悪さや財政上の問題からあまりふるわず，主として都市部で働く青年たちが終業後の夜間に学ぶ場であったといえます。

全日制高校「進学組」への鬱屈を抱えつつも，多くの勤労青年が定時制に通いました。定時制の卒業は職場での待遇改善につながらないにもかかわらずです。教養を深めることはなにかの

表 8-1　定時制高校への就学目的 ―

進学動機	比率
できるだけ教養を高める	53.6%
高校卒の資格を得る	18.7%
高校という学園の雰囲気を求めて	9.2%
職場から解放されようと思って	4.9%
その他	3.7%
よい友達を得る	3.3%
人にすすめられて	1.2%
全日制に通う友達に恥ずかしい	0.7%
無回答	4.7%

（出所）　福間 2020 を改変。

手段ではなく，それ自体が価値なのでした。表 8-1 は神奈川県立教育研究所が 1960 年代に実施した調査の結果ですが，定時制への就学目的で最も多かったのは，「できるだけ教養を高める」でした。

▷ **教養熱の「冷却」**　ですが，当時の資料を見る限り，働くことと学ぶことの両立は困難だったようです。日中の労働を終えて授業に臨むのは容易ではなく，職場の無理解や自身の健康問題に悩む青年たちもいました。学校設備は一般に劣悪で，全日制高校や小中学校に「間借り」することも多かった定時制高校は，ふいに移転や廃止を迫られるなど不安定でした。不熱心な教師に違和感を募らせることもあったようです。勤労青年たちの教養への熱い思いは，そうした厳しい状況のなかで，「冷却」されていきました。

- -
☞ **文献にチャレンジ**
福間良明（2020）『「勤労青年」の教養文化史』岩波書店
- -

2 　成長する社会の教育

講義　人的能力開発政策とその帰結

▷ **人的能力開発政策**　高度経済成長期には，経済審議会（経済審）答申「経済発展における人的能力開発の課題と対策」（1963 年）や，中央教育審議会（中教審）答申「後期中等教育の拡充整備について」（1966 年）など，いわゆる**人的能力開発**政策が策定された。経済成長やそれに伴う技術革新に即応した**労働力**の供給機構として学校教育が位置づけられ，その改革が議論されたのである。

　課題の 1 つは**高校教育**（後期中等教育）であった。経済審は，普通科における職業科目等の充実，工業高校の拡充，企業現場との連携，ハイタレント（優秀な人材）養成の学校創設など，**産業界の需要**に応じた教育改革を求めた。これを受けた中教審も，生徒の適性・能力・進路に対応しつつ，職種の専門的分化と新しい分野の人材需要に即応する教育内容の多様化を答申している。

▷ **政策意図と現実のすれ違い**　1960 年代のこの一連の政策は，教育学者や教員から，子どもを能力によって序列化・選別し，学歴競争へ追いやる差別的なものだと批判された。後期中等教育の多様化政策は，結果として，偏差値に象徴される学校や生徒の**一元的序列化**と**競争の教育**に帰結したためである。

　ただし乾（1990）は，そうした**一元的能力主義**は 1960 年代の人的能力開発政策が意図したものではなかったとする。経済審は年功賃金・年功人事を柱とする旧来の企業経営を刷新し，職務（ジョブ）を中心におく欧米型の近代的な労働市場への転換をめざしていた。会社に忠誠を誓うメンバーになることを求める日本型（メンバー

シップ型）ではなく，仕事の内容を明確に規定して人材を雇用する欧米型（ジョブ型）の雇用制度をめざす場合，企業が学校に求める教育（職業訓練）は，職業との対応が不明確な普通科中心の一元的・抽象的な能力の育成ではなく，個別具体的な知識・スキルの習得をめざすことになる。高校の多様化は確かに，後者に対応したアイデアである（**多元的能力主義**）。しかし実際の日本の学校教育は，みなが同じ内容を学ぶ普通科中心の教育，また，なにを学んだかではなく集団のなかでの序列が重視される**偏差値中心**，**学歴主義**の教育として推移した。

▷ **日本の労働市場と教育**　　政策でないなら，なにが日本の教育における一元的能力主義を形づくったのか。仮説はいくつか考えられるが，再び乾（1990）によれば，それには日本企業の雇用管理方針が関わっている。

　日本経営者団体連盟（日経連）の報告書『能力主義管理』（1969年）は，経済審が想定した職務に応じた賃金制度（職務給）ではなく，人柄や態度などを含む抽象的で属人的な「職務遂行能力」に応じた賃金制度（職能給）を提唱した。その場合，労働市場で価値をもつのは，職業に関わる個別具体的な知識やスキルではなく，人柄（協調性，まじめさ，従順さ）や入職後の「伸びしろ（訓練可能性）」のような抽象的・一般的な資質や能力となる。おそらく偏差値や学歴はそうした資質や能力の高低を示す代理指標として機能したのであり，そのことが日本の学校の普通科中心主義，一元的・抽象的な能力主義，偏差値中心主義の背景をなした。

　このように学校とは，国家の政治的意図だけではなく，市場経済のあり方に直接影響を受けている。とくに当時の高校のような，職業社会と直に接する教育機関はその傾向が強いともいえる。教育の現実的なありようは，経済（とりわけ労働市場）の動向を無視して考えることはできない。

問い 「高卒当然社会」の到来でなにが変わった？

戦後，高校進学率は右肩上がりで上昇を続けました。1970年代にはすでに90％にも達した高校進学率。それは，現在に続く「高卒当然社会」（高校に進学・卒業することが当たり前の社会）の出現を意味します。そして実は，そんな社会の到来は，人々が学校（高校）へ行くということの意味や価値の変化を意味しました。その顛末を追ってみましょう。

▷ **ベビーブーマーの高校進学熱**　一言でいえばそれは，「行ったら得をする」「プレミア」価値のある学校から，「行かないと損をする」「最低限卒業しておくべき」学校への変化といえます。

第1次ベビーブーム世代（1947～49年生まれ）は，9割以上が高校あるいはそれ以上の学校への**進学意欲**（アスピレーション）をもっていました。背景には，専門・技術・事務などのホワイトカラー職へのあこがれがありました。そして当時の日本社会において高卒は「準エリート」であり，中卒では難しいあこがれのホワイトカラー職につながるという「プレミア（特別の恩恵）」を有していました。そうした社会的な背景のもとベビーブーマーたちは，自分の将来を賭けて激烈な高校受験に臨んでいくことになりました。いわゆる「受験戦争」「受験地獄」です。

▷ **高校進学熱の皮肉な結末**　他方，そうした旺盛な進学熱に応える形で，高校側は定員を上回る合格者を出して進学者を受け入れ，あるいは新しい高校が増設されていきました。人々の**高校進学熱**が高校教育制度を拡充していったといえます。結果として高校は，厳しい受験競争を伴いながらも，同世代のほぼすべてを受け入れるまでになりました（➡9章1節）。

しかし，そこに皮肉な結果が生じました。同世代のほとんどが高

卒資格を得るようになった第1次ベビーブーム世代以降，高卒者の職業構成は，ホワイトカラー職の減少／ブルーカラー職の増加が顕著になりました。従来は中卒者の職種であった（肉体労働などの）ブルーカラー職に，高卒者があてられるようになったということです。それにより，ホワイトカラー職につながる高卒という「準エリート」的位置づけ，「プレミア」は失われました。しかし，もはや誰もが高卒である社会において，中卒は高いリスクを伴いま

1962 年 2 月 5 日，高校増設を求めて都議会に集まった都民ら
（出所）木村 2015。

す。結果として高校は，「行ったら得をするわけではないが，しかし行かなかったら著しく損をする学校」となりました（香川ほか2014）。

▷ **集合的に生まれる教育の事実**　高度経済成長期に急速に増えていった高校進学者たちは，ただただ，自分自身のよりよい人生の可能性を求めて高校へ進学しました。教育行政や教師・保護者たちもそれを支援しました。しかしそうして多くの者が高卒資格を得たために，いわば意図せざる結果として，高校進学や卒業の価値や社会的意味づけは変わってしまいました。このことは，学校へ行くことの意味や価値が，個々の当事者たちの意図とは独立に，「集合的」（コレクティブ）に定まる面をもつことを示しています。

┌─────────────────────────────────────
☞ **文献にチャレンジ**
香川めい・児玉英靖・相澤真一（2014）『〈高卒当然社会〉の戦後史──誰でも高校に通える社会は維持できるのか』新曜社
└─────────────────────────────────────

3　成長の陰で

講義　**環境破壊に抗する教育**

▷　**健康に発達する権利の侵害**　　教育基本法 1 条には，「心身ともに健康な国民の育成」が掲げられている（➡4 章）。しかし戦後，経済成長の歪みを不条理に引き受けさせられ，健康を害し，あるいは命を落とした人たちがいる。公害被害者である。**公害**とは「事業活動その他の人の活動に伴って生ずる相当範囲にわたる大気の汚染，水質の汚濁，土壌の汚染，騒音，振動，地盤の沈下及び悪臭によって，人の健康又は生活環境に係る被害が生ずること」（環境基本法 2 条 3 項）であり，その「原点」として水俣病がある。

> ［水俣病発生の経緯］　熊本県水俣市一帯で発生したメチル水銀による中毒性中枢神経系疾患で，新日本窒素肥料株式会社（チッソ）水俣工場が八代海に流したメチル水銀化合物が魚介類を汚染，それらを摂取した住民が発症した（1956 年公式確認）。
> ［主要な症状］　手足の感覚障害，運動失調，視野狭窄，聴力障害，平衡機能障害などが生じる。発生初期には発症後数カ月以内に死亡する急性劇症型の例もみられた。また，母親が妊娠中にメチル水銀に曝露したことによる胎児性水俣病もある。

　被害者の数は，公害健康被害補償法（1973 年制定）で認定されたのが約 2300 人（熊本県と鹿児島県の数字のみ，2020 年現在），その他公的救済を受けた人，なんらかの影響を受けた人，認定されないまま亡くなった人を合わせて 10 万人とも 20 万人ともいわれる。被害者には子どももいる。そうした子どもたちは，健康に学び育ち発達する権利を侵害された。

▷ **住民たちの異議申し立て**　宮本（2014）は，高度経済成長の経済システムを，環境破壊・公害発生のシステムであるとする。経済成長と表裏一体のそうした公害問題の多くは未解決だが，それでもその後，被害者救済制度や各種公害規制法令は徐々に拡充された。公害発生当初は被害者救済に消極的だった国政や地方政治の転換の背景には，新潟水

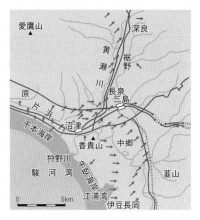

図8-2　鯉のぼり調査による気流分布図

（出所）　国民教育研究所 1970 より作成。

俣病訴訟（1967 年）のような公害訴訟を含む，住民の異議申し立て運動の盛り上がりがあった。

▷ **公害教育の出発**　そうした住民運動のうち，ここでは静岡県の石油コンビナート反対闘争に注目したい。1963 年，静岡県は三島・沼津・清水の 2 市 1 町にまたがる石油コンビナート誘致計画を発表した。すでに三重県四日市市のコンビナート周辺で公害（四日市ぜんそく）が問題になっていたときであった。住民たちは党派を超えて反対運動を展開，開発計画は撤回された。

　この事例の特徴は，反対運動が公害認識を深める調査・学習活動と一体的に組織された点である。地元教師も大きな役割を果たした。工業高校教師の西岡昭夫は，三島市長の委嘱による松村調査団に参加，生徒とともに鯉のぼりを使った気流調査（図8-2）を実施して開発の危険性を解明し，その成果をもとに授業や研究会を組織した。「環境破壊に抗する教育」（Fujioka 1981）としての**公害教育**の出発である。

問い 環境問題を教えられる教師になるには？

> 　戦後日本の公害の多くは，いまだ解決をみてはいません。加えて，気候変動が引き起こすさまざまな危機（気候危機）の可能性がリアルに語られる状況があります。これから教師になる人は，環境問題を自分事としてとらえ，子どもたちを導いていく力量が必要です。いったいどうすれば，そんな教師になれるでしょうか。

▭▷ **公害スタディーズのすすめ**　　まずは，公害や環境問題についての認識を深めることが先決です。そこでここでは，「**公害スタディーズ**」の一部を紹介しましょう（安藤ほか 2021）。こうした学びは，あなた自身の公害・環境問題の認識を深めると同時に，将来教職に就いた際の，教育実践の「抽斗（ひきだし）」にもなるかもしれません。

　公害スタディーズ①：視聴覚メディア　　公害は写真や絵図，スライド，映画，テレビ番組，ラジオなど視聴覚メディアで記録・表現されているものが多くあります。過去の・遠方の事実，言葉では伝わらない公害の内実にも接近することができます。人々の生きざまや感情がわたしたちを揺さぶってきます。環境問題をテーマとした写真展に足を運んだり，仲間と一緒に記録映画の自主上映会を行うというのも有効なやり方でしょう。

　公害スタディーズ②：参加型学習　　**参加型学習**とは，学習者が能動的に「参加」することで知識を問い直す学習方法です。公害問題の当事者・関係者を演じるロールプレイや，チームに分かれて議論するディベートなどが考えられます。地元の公害問題について被害者（語り部）の話を聞き，資料館や病院，原因企業に聞き取りを行うのもよいでしょう。1960 年代の実際の公害闘争で「調査」が大きな力になったことから（➡前頁 **講義**），身近な公害の調査に参加することも有効な参加型学習といえます。

公害スタディーズ③：公害資料館　　公害経験を伝える公害資料館には，政府や自治体が運営する公立と，被害者や支援者団体が運営する民間資料館があります。参加型学習（探究活動）を行う際の拠点としても有益です。また公害資料館は，新聞記事，出版物，文書資料，写真や映像など公害資料を収集・保存するアーカイブ機能を備えていますので，授業のレポートや卒業論文等で公害について書く場合には，資料収集のための重要施設にもなるでしょう。

▷ **公益に配慮できる教師**　　高度経済成長期の教育は，成長を続ける日本の企業により質のよい労働力を提供し，また，そんな職業社会により有利な形で参入していきたいという子どもの人生設計のニーズに応えるものでした。もちろん，企業が求める有為の人材を学校教育が輩出して経済が発展すること自体は，悪いことではないでしょう。また，学校にやってきた子どもたちが，親の世代よりも豊かに，よりよく生きていけるように手助けできたということは，戦後日本の学校教育の成果といえます。しかし，そうした企業や家族（子ども）の「私益」へ奉仕することだけが，公教育の使命というわけではありません。

　そうした「私益」の追求が，それによる経済成長が，きれいな空気や清潔な水，安全な食べ物や快適な住環境といった「**公益**」を「害して」いるとしたら？　日本の教育の歴史は，むしろそうした耳の痛い事実を人々に伝えることが，教師の，とても大事な，公共的な仕事だと教えています。気候変動による人類史的な危機が取りざたされるいまこそ，狭義の教育実践の手腕だけでなく，社会の公益を考えることのできる教師が求められています。

☞ **文献にチャレンジ**
安藤聡彦・林美帆・丹野春香編著（2021）『公害スタディーズ──
　悶え，哀しみ，闘い，語りつぐ』ころから

Report assignment　レポート課題

本章の内容を振り返って，下記の 2 つについてそれぞれ 200 字程度でまとめてみましょう。

① 戦後の高度経済成長期において，青少年たちの成長・発達の筋道はどのようなものであったか。

② 公害や環境問題を自分事として能動的に学ぶ方法には，どんなものがあるか。

Further readings　次に読んでほしい本

石牟礼道子（2004）『新装版 苦海浄土』講談社

木村元編（2020）『境界線の学校史——戦後日本の学校化社会の周縁と周辺』東京大学出版会

神代健彦編（2021）『民主主義の育てかた——現代の理論としての戦後教育学』かもがわ出版

筒井清忠編（2020）『戦後史講義【戦後篇】』（下）筑摩書房

政野淳子（2013）『四大公害病——水俣病，新潟水俣病，イタイイタイ病，四日市公害』中央公論新社

Book/Cinema guide　読書・映画案内

W. ユージン・スミス，アイリーン・美緒子・スミス／中尾ハジメ訳（2021）『MINAMATA』クレヴィス

▶アメリカの写真家 W. ユージン・スミスは，1971 年から 3 年間水俣に移り住み，人々の姿をカメラに収め，世界に水俣病の実態を伝えました。『LIFE』誌に掲載された「入浴する智子と母」は長く封印されていましたが，2021 年復刻の写真集『MINAMATA』に再度収録されています。

問われる学校の価値

1980 年代以降

Quiz　クイズ

　2006（平成 18）年 12 月，第 1 次安倍晋三政権下において，日本の教育制度の根本に関わる法律の改正が行われました。教育基本法改正です。現在の日本の教育制度はこれを根本的な法律として運用されています。

　さて下記は，現行の教育基本法 1 条です。日本の公教育の目的を定めています。（ア）と（イ）に当てはまる語句の組み合わせとして正しいものは a.〜d. のどれでしょうか。

> **教育基本法　1 条**
> 　教育は，（ア）を目指し，（イ）として必要な資質を備えた心身ともに健康な国民の育成を期して行われなければならない。

a.（ア）国家の繁栄，（イ）夫婦相和する温かな家庭の形成者
b.（ア）人格の完成，（イ）平和で民主的な国家及び社会の形成者
c.（ア）社会人の育成，（イ）豊かで活力ある経済社会の形成者
d.（ア）人間の完成，（イ）持続可能なグローバル社会の形成者

★本章の学習をサポートするウェブ資料は，右の QR コードよりご覧いただけます。

Answer クイズの答え

b.（ア）人格の完成，（イ）平和で民主的な国家及び社会の形成者

　現行教育基本法 1 条の「人格の完成」（ア）は，1947 年の旧教育基本法から継承された言葉の 1 つです。「人格の完成」の意味は諸説ありえますが，個々人（子ども）を国家や社会の要請に沿って一方的に教育するのではなく，むしろ彼ら彼女らが成長・発達の主体であることを確認していることを押さえましょう。（イ）は，教育が国家や社会の担い手を育てるものでもあることを示しています。「平和」や旧法にはなかった「民主的」という言葉が加わり，国家や社会の理想が積極的に謳われている点も重要です。

Chapter structure 本章の構成／関連する章

［関連する章］

本章の構成	関連する章
1　黄金時代の終わり Keywords 受験競争／非行／いじめ／長期欠席／不登校	第 7 章 戦時下の教育，そして戦後へ
2　問い直される日本型公教育 Keywords 臨時教育審議会／教育の自由化（市場化）	
3　公教育の「公」をめぐって Keywords 国家主義（保守主義）／グローバル化	第 13 章 テクノロジーを教育学する

Goals 本章の到達目標

1. 1980 年代以降に起きた学校の問い直しについて知る
2. 学校教育のさまざまな問題もふまえつつ，今後のあるべき（公）教育について一定の見解をもつ

Introduction 導入

学校は問題だらけ？

ケイタ　ナナ

 ケイタ「うーん，教育改革ねぇ……」

🧑 ナナ「授業の課題？」

👦 ケイタ「そう。日本の教育改革の実例をまとめろって。でも思いつかなくて」

🧑 ナナ「そう？ たくさんあるじゃない。学習指導要領，ICT，入試，いじめ防止，教員の働き方」

👦 ケイタ「おお，すらすらでてくるね」

🧑 ナナ「まあね。教育改革っていうより，学校改革だけど」

👦 ケイタ「え？ 一緒じゃない？」

🧑 ナナ「一般的にはそうだけど，厳密には違うかな。確かに学校は教育のための場だけど，ほかでも教育はやってるもん。家庭教育，社会教育，企業内教育なんて言葉もあるわけで」

👦 ケイタ「学校教育は教育の一部ってことか。でもやっぱり，教育といえば学校って感じはしちゃうな」

🧑 ナナ「それくらい学校って圧倒的な存在感があるってことね。でも，これから先も安泰とはいかなさそうだけど」

👦 ケイタ「というと？」

🧑 ナナ「学校はもちろん大事だけど，とくに1980年代以降は，受験競争，いじめ，校内暴力，子どもの自死，不登校などなど，問題も多くなってるしね。90年代以降はグローバル化への対応も迫られているし。そんなわけで，学校を中心とした公教育システム全体を問い直す議論がたくさん起こってるんだけど……」

日本の学校が抱える問題とは？

1 黄金時代の終わり

講義 **教育問題の諸相**

1970年代半ばに**高校進学率**が9割を超え（➡8章，図8-1），日本の学校は，日本に住み日本国籍をもつ6～18歳までの子どものほとんどが就学するほどの普及・拡大を達成した。学校へ行くのは「当たり前」となり，保護者たちは子どもをより上級の学校へ行かせるために努力を重ねた。学校が社会の期待や信頼を勝ちとった時代，学校の「黄金時代」（広田 2001）の到来である。

しかし皮肉にも，そんな黄金時代の到来と時を同じくして，学校の「荒廃」や「病理」が盛んに論じられるようになった。そうした教育問題の諸相について，いくつか例をあげたい。

▷ **受　験　競　争**　1960年代（高度経済成長期）以降続く**受験競争**はその代表例である。教育社会学者の久冨（1993）は，特に1970年代半ば～90年代はじめを「**閉じられた競争**」の時代とよぶ。高校・大学の間口（定員）の広がりを伴った高度経済成長期の受験競争が「勉強すれば上の学校に入れる」「開かれた競争」だったのに対して，1975年以降の受験競争は大学の間口が抑制されており，「誰かが受かれば誰かが落ちる」「閉じられた競争」だったという。そんな競争のなかで子どもたちは，他者との相対的な比較に強く縛られ，自己評価（自信，誇り，自尊感情）の低下を経験した。競争によって学びの意味が空洞化するとともに，「**落ちこぼれ／落ちこぼし**」が社会問題化した。こうした状況は，90年代のバブル経済の崩壊で「（よりよい）学校から企業社会へ」という接続が弱まり，競争圧力に緩みが生じるまで続いた。

▷ **非行と管理主義**　　1980 年前後は「少年非行の戦後第 3 の ピーク」といわれた時代であった。**非行**の増加，凶悪化，低年齢化， また女子非行や「遊び型非行」の増加などが問題視された。行為と しては万引きや校内暴力が典型であり，「暴走族」も問題であった。 学校はこうした「非行少年」への対応を迫られる一方，これを抑え 込むために，細かな校則などで子どもの一挙手一投足を管理する**管 理（主義）教育**も問題となった。

　　ただし非行は，法律用語としては少年（20 歳未満）による刑法違 反行為を意味する一方，虞犯（罪を犯すおそれがあること）をも含み， また一般には校則違反などにも適用される曖昧な概念である。世論 のあり方，それに影響された警察の取り締まりや学校の管理方針に よってその内実は可変的であり，その意味で「非行」は，人々の認 識や解釈が形成する社会的構築物ともいえる。

▷ **い じ め**　　いじめは「児童等に対して，当該児童等が在籍す る学校に在籍している等当該児童等と一定の人的関係にある他の児 童等が行う心理的又は物理的な影響を与える行為（インターネットを 通じて行われるものを含む。）であって，当該行為の対象となった児童 等が心身の苦痛を感じているもの」（2013 年いじめ防止対策推進法 2 条 1 項）と定義される。体制整備の背景には，いじめの被害児童・ 生徒が不登校となったり，最悪の場合自死に至るといった重大事態 が後を絶たないという深刻な問題がある。

　　いじめは近代学校の成立あるいはそれ以前から存在したと考えら れるが，これが重大な教育・社会問題と認知されたのは 1980 年代 である。1986 年に東京の公立中学校で起きたいじめ自殺事件（通称 「葬式ごっこ事件」）では，数名の教師が加担していたこともあり世論 に衝撃を与えた。以後報道の過熱と沈静化を繰り返しつつ，いじめ は，「学校の風土病」といわれるほど，学校における教育問題とし て定着して今日に至っている。

長期欠席の推移はなにを意味する？

> 学校を欠席する子どもたち——この現象からは，日本の学校の社会的意味，歴史におけるその動揺，またポスト黄金時代の学校の困難が浮かび上がります。

▷ **減少する長期欠席**　　図 9-1 は，1953-2021 年度の中学校生徒数に対する**長期欠席**者の率と「**不登校**」*を理由とした長期欠席者の率を示したものです。長期欠席の定義は，年間に一定以上の日数を欠席することで，日数は当初年間 50 日以上でしたが，1991 年からは 30 日以上となりました。「不登校」とは，「何らかの心理的，情

図 9-1　中学校長期欠席者出現率 ─────────────────

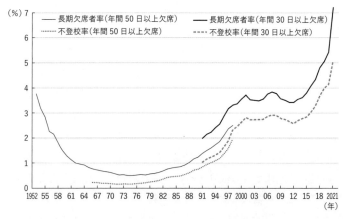

(出所)　「公立小学校・中学校長期欠席児童生徒調査」「学校基本調査」および「児童生徒の問題行動・不登校等生徒指導上の諸課題に関する調査」より筆者作成。

---

*　図 9-1 では「不登校」で統一したが，この語が調査で使われたのは 1998 年以降である。それ以前の病気や経済的な理由以外の長期欠席には「学校ぎらい」や「登校拒否」の語があてられてきた。

緒的，身体的あるいは社会的要因・背景により，登校しないあるいはしたくともできない状態にあるために年間 30 日以上欠席した者のうち，病気や経済的な理由による者を除いたもの」です。

　長期欠席の背景には貧困があり，1940-50 年代には子どもの人身売買が問題となっていたほどでした。しかし 50-70 年代の高度経済成長期を通じて日本社会が豊かになるにつれ，そうした事例も減少し，長期欠席率は低下していきます。

▷ **不登校（登校拒否）への注目**　　グラフの底は 1970 年代半ば，「子どもは学校に行くのが当たり前」という観念が浸透した「学校の黄金時代」です。しかしその後，グラフは上昇局面に入ります。この過程で注目されたのが，「**登校拒否**」（のちの不登校／神経症型不登校）です。1950-60 年代に精神科医等によって子どもの心理的問題として発見されたそれは，1975 年を境に増加しはじめたとして社会問題になりました。後年の研究では，心理的理由だけでは説明できない，**怠学**（学力不振）を含んだ，学校文化からの脱落としての「**脱落型不登校**」が含まれていたことがわかっていますが（保坂2019），当時はそうした学校と子どもの社会文化的な葛藤に起因する現象を，子ども個々人の心理的問題として把握する傾向が強く，「心」をキーワードとする不登校政策が次々に実施されました。また学校外では，子どもの「居場所」として**フリースクール**が注目を集め，学問的には，学校中心の社会を相対化する**脱学校論**（➡4 章 3節）が隆盛しました。子どもたちを保護し，その成長・発達を支えるものだった学校は，それ自体が子どもの苦しみの源泉としてとらえ直されていったのでした。

☞ **文献にチャレンジ**
保坂亨（2019）『学校を長期欠席する子どもたち──不登校・ネグレクトから学校教育と児童福祉の連携を考える』明石書店

2 問い直される日本型公教育

講義 臨時教育審議会

▷ **日本型公教育の動揺**　戦後日本の**公教育**は，学校教育法1条にある，いわゆる「**一条校**」（小学校，中学校，高等学校，大学，盲学校，聾学校，養護学校および幼稚園：1947年当時）を核としてつくられた。これらは「公の性質」を有するとして公費が投入されると同時に，公的な規制のもとにある。設置者は原則，国，地方公共団体，学校法人に限定され，営利企業は排除された。教員は教員免許状を有する必要がある。教育内容は学習指導要領に準拠しなければならない。こうした規制は，普遍的かつ共通の教育を公的な責任において子どもたちに保障するために定められたものだった。

　しかし，国家が主導する平等な**教育保障**としての学校制度は，時代が下るにつれ多様化する教育ニーズを背景に細部を変化させていった。戦後日本の**学校制度**は小学校6年，中学校3年，高校3年（，大学4年）の6・3・3（・4）制を基本としたが（➡7章），現在は義務教育学校や中等教育学校など多様な学校種がある。設置者も一部地域で株式会社やNPOの参入が可能となり（構造改革特区制度），正規の教員資格をもたない人材に特別免許状や臨時免許状を発行して学校教育の多様化・活性化を図る動きが広がっている。

　キーワードは**規制緩和**である。1980年代以降の**教育改革**論議では，公的規制を緩め，「民間の活力」を取り入れ，市場の力で硬直した日本の学校教育を改革すべきという**教育の自由化**（**市場化**）の議論が目立つようになった。その嚆矢が，中曽根康弘政権下に設置された**臨時教育審議会**（臨教審，1984-87年）である。

▷ **処方箋としての「自由化（市場化）」**　　臨教審の議論の前提には，旧来の国家主導の近代主義的な学校教育に，**詰め込み教育，画一教育，学歴社会，受験競争**といった弊害が目立ってきたことへの問題意識があった。これにいじめ，校内暴力，少年非行などの教育問題，また国際化や情報化への対応なども喫緊の課題とされた。

　その処方箋とされたのが「教育の自由化（市場化）」である。自由化論を主導した臨教審委員の香山健一（1933-97）は，1980年代に顕著になった教育問題は，学校や教師を市場の自由競争にさらすことによって解決されると主張した。例えば民間の学習塾も学校設置者として認め，教育内容に関わる裁量を大きくする規制緩和によって，教育の画一性を打破することが議論された。それに子どもと保護者が教師や学校を評価・選択するような仕組みをつくれば，教師・学校に選ばれるための努力を促すことにもなるという。国家がすべてを管理・主導するのではなく，むしろ規制をゆるめて競争原理にさらすことで，教育の旧弊を打破しようというわけである。

▷ **「個性重視の原則」とその後**　　もっとも，こうした改革案は臨教審が受け容れるものではなかった。臨教審の第3部会が，香山がリードする第1部会と激しく対立，議論の末，自由化は「**個性重視の原則**」に修正され，「生涯学習体系への移行」「国際化情報化等変化への対応」と併せて答申とされたものの，直ちに実現したのは初任者研修制度の導入，教育職員免許制度の改革，単位制高校の導入などに限られた。

　とはいえ長い目でみれば，やはり臨教審（とくに第1部会）における日本型公教育の見直しの議論は，その後の日本の教育に大きな影響を与えている。大学への飛び級入学制度（1998年），一部地域での学校選択制導入（1998年），中等教育学校制度（1999年）など1990年代の教育改革は，臨教審構想の一部が実現したものにほかならない。

問い 教育の自由化（市場化）のなにが問題？

> 現代の子どもと保護者のニーズは多様です。公教育がそれに応えられないのなら，つねに競争によって鍛えられている私企業の自由な発想（市場の力）に期待するのも1つの手かもしれません。
>
> しかし，学校を企業のように競争させ，それによって生まれる優良な商品としての教育を，子どもと保護者が自由に購入するというアイデア（教育における市場原理の導入）には，少なくない教育学者が警鐘を鳴らしていることも事実です。そこにはどんな問題があるのでしょうか。

▷ **学校選択制とは**　公教育システムへの市場原理の導入とされるもののなかで，ここでは**学校選択制**を取り上げてみましょう。現在日本では，子どもたちが公立の小中学校に通う場合，教育委員会が指定する居住区の学校に通うこととなっています（通学区域制・指定校制）。学校選択制とは，これを児童生徒やその保護者が就学する学校を自由に選べるようにするというものです。

ただ，一口に学校選択制といっても，その種類はさまざまです。①完全な学区制廃止，②指定学区内における選択制，③親・教員・地域団体などが州や学区の認可を受けて設置する**チャータースクール**，④国や自治体が子ども（各家庭）に公費でクーポンを支給することで私立学校を含む就学の選択肢を広げる**バウチャー制度**などがあります。このうち②は日本の一部地域（特区）で導入済み，③や④はアメリカ合衆国でその実例をみることができます（鈴木 2016）。推進派によれば，こうした制度により，生徒獲得をめぐって学校間に競争が生まれ，よりよい学校が生まれるとされます。また子どもや保護者にはより良質な学校への就学機会が与えられ，保護者の学校に対する関心や主体性も向上するといわれています。

▷ **日本の近未来＝アメリカ？**　　ですが，これを導入したアメリカ合衆国では問題も指摘されています。教育研究者の鈴木大裕は，ニューヨーク市の学校選択制の実情を詳細に報告・分析しています。同市では，学区内で 20 校の選択肢がある選択制が実施されていますが，州統一テストの点数で学校の評価・格付けが行われるため，学校は厳しい競争を強いられているといいます（鈴木 2016）。

　競争は学校をどう変えるか。子どもたちに学力テストでよい成績をあげさせ，行政や保護者からよい評価を得たい学校は，能力の高い子どもや教育熱心な親を奪い合います。他方，英語が母語でない，知的障害がある，など高得点を望めない子どもが，学校から排除される事例も明らかになっています。競争はときに，**平等な教育保障**という公教育（学校）の理念の放棄につながります。

▷ **格差の再生産**　　もちろん競争によって個性的な学校が誕生する例はあります。ですが同じくらい，そこから生じる**教育格差**も見逃せません。生徒数に応じて予算が分配されるニューヨーク市では，人気のない学校は予算を削られます。するとその学校は，テスト対策に特化して状況を改善しようと体育，美術，音楽などの教科を省略，ますます教育の質が低下します。他方で，裕福な保護者を抱える学校は潤沢な寄附金に恵まれ，魅力的な学校行事や豪華な設備が整えられ，ますます質の高い人気の学校になります。

　要するに，選択制で多様な学校が生まれるはずが，実際には**学校の序列化**が生じたということです。そしてこの序列化は，教育格差，学力格差，そして経済格差に帰結する可能性が高いといえます（➡ 10 章 3 節）。そうした格差の連鎖を断つのは容易ではありません。

☞ **文献にチャレンジ**
鈴木大裕（2016）『崩壊するアメリカの公教育 —— 日本への警告』岩波書店

3　公教育の「公」をめぐって

講義 新しい教育基本法の論点

▷ **教育を手放す国家？**　　日本の**公教育**は，長らく国家の事業として営まれてきた。教育は「同じ日本人」という**国民意識**を醸成することで日本という国民国家を維持する，国家統治の要と考えられてきたからである。こうした目的は教育の目標や内容面も拘束するものであり，実際，日本の近代公教育は，国家や共同体の伝統的な価値を強調する**国家主義**（保守主義）の傾向が根強い。

　そうしてみると，公的規制を緩めるという 1980 年代以降の教育改革（➡2 節）は，画期的出来事だったといえるだろう。そこには明らかに，国家がみずから教育の独占的主導権を手放し，一部を民間に開放するという自由主義への重心移動がうかがわれる。

▷ **国民形成機能の強化**　　ところで，そうした「官から民へ」という重心移動においては，日本人の育成（国民形成）という伝統的・保守的な学校の機能も放棄されるのだろうか。

　実際は逆である。確かに，教育に限らず国家機構のさまざまな部分で規制緩和を進め，グローバルな市場経済の力を解放すればするほど，国家の求心力は低下していく。だからこそ，そうした国家の求心力の低下を防ぐため，むしろ現代では，（とくに教育の領域で）国家の価値や国民としてのアイデンティティを強調する保守主義が台頭する。つまり，規制緩和が国家の存在感を低下させるからこそ，教育によって人々の国民意識を高めてバランスをとるというわけである。こうした規制緩和とセットになった国家主義は，新保守主義ともよばれる。

> **教育基本法（2006 年改正）**
>
> （教育の目標）
> 第 2 条　教育は，その目的を実現するため，学問の自由を尊重し
> 　　つつ，次に掲げる目標を達成するよう行われるものとする。
> 1　幅広い知識と教養を身に付け，真理を求める態度を養い，豊
> 　　かな情操と道徳心を培うとともに，健やかな身体を養うこと。
> 2　個人の価値を尊重して，その能力を伸ばし，創造性を培い，
> 　　自主及び自律の精神を養うとともに，職業及び生活との関連を
> 　　重視し，勤労を重んずる態度を養うこと。
> 3　正義と責任，男女の平等，自他の敬愛と協力を重んずるとと
> 　　もに，公共の精神に基づき，主体的に社会の形成に参画し，そ
> 　　の発展に寄与する態度を養うこと。
> 4　生命を尊び，自然を大切にし，環境の保全に寄与する態度を
> 　　養うこと。
> 5　**伝統と文化を尊重し，それらをはぐくんできた我が国と郷土**
> 　　**を愛するとともに，他国を尊重し，国際社会の平和と発展に寄**
> 　　**与する態度を養うこと。**

　例えば，第 1 次安倍晋三政権による教育基本法の改正（2006 年）についてみてみよう。注目したいのは，上に引用した 2 条である。まず，そもそも 1947 年の旧教育基本法に，このような「教育の目標」の規定はなかった。教育の目標を国家が法律で定め，一律に教育現場に課すという点に，国の主導権の強調という国家主義（保守主義）がうかがわれる。

　そのうえで注目すべきは 5 号の前半，いわゆる「愛国心条項」である。長らく戦後政治の論点であった**愛国心**の涵養が教育基本法で目標に定められた事実は，日本の公教育が保守主義的な傾向を強めていることのあらわれといえる。そうした傾向を政治的にどう評価するかは議論のあるところだが，しかし少なくとも教育学的観点からいえば，この事実が，**グローバル化**のなかにある学校に新たな葛藤を生みかねない点は見逃せない（➡本節 問い ）。

日本の学校はグローバル時代にふさわしい公教育機関か？

> 「『日本は移民国家である』と聞いたら読者のみなさんは驚くで
> しょうか」（額賀ほか 2019）——確かに，耳慣れない表現かもしれ
> ませんね。しかし 2022 年末時点で，日本には，約 308 万人の在留
> 外国人が暮らしています。日本の公教育は，そうしたグローバルな
> 日本社会の教育ニーズに応えられているでしょうか。

▷ **外国にルーツをもつ子ども**　　「外国にルーツをもつ子ども」と
は，両親またはそのどちらか一方が外国出身者である子どもや若者
をさす言葉です。このカテゴリーにはさまざまな子どもが含まれま
すが，例えば，2021 年現在，住民基本台帳に記載された日本に住
む学齢相当の（日本国籍を有しない）**外国人の子ども**は 13 万人を超え
ており，使用言語別では，ポルトガル語，中国語，フィリピノ語，
スペイン語，ベトナム語，英語，韓国・朝鮮語，その他と，多様性
がうかがわれます。

　また，文部科学省の「日本語指導が必要な児童生徒の受入状況等
に関する調査」（2022 年）によれば，外国にルーツをもつ「日本語
指導が必要な日本国籍の児童生徒」が小中学校だけで約 1 万人い
ます。地域にもよりますが，一般的な公立学校の教室で外国にルー
ツをもつ子どもを目にすることは，もはやめずらしくありません。

▷ **日本の教育の排他性**　　そうした現実をふまえたとき気になる
のが，日本の学校教育の**文化的排他性**です。そもそも日本の公教育
は，「日本人」をつくりだすシステムとしてつくられました。その
結果日本の学校では，子どもたちの文化的多様性を暴力的に否定す
るという事態がしばしば生じました。例えば，明治から敗戦までの
教育が，ウチナーンチュ（沖縄人）やアイヌ，朝鮮人の固有の言語
や文化を否定し，差別を伴いつつ「日本人」への同化を強制してき

たことを，歴史の授業で学んだ人も多いと思います。また，戦後在日朝鮮人たちは，朝鮮の言語や文化，歴史を取り入れた教育を行う朝鮮学校をつくりましたが，日本政府は朝鮮学校に対し，そのときどきの政策のなかで，閉鎖命令，私立学校としての不認可，各種学校としての地位の否定など，一貫して否定的な扱いをして今日に至っています（呉 2019）。

▷ **グローバル時代の公教育**　実は日本政府は，国籍にかかわらずすべての子どもの**学習権**を定めた，**子どもの権利条約**（児童の権利に関する条約）を批准しています。実際，1990 年代以降「ニューカマー」とよばれる新来外国人が増加したこともあり，地方自治体を中心に，日本語指導や多文化共生教育の施策が推進されている例が全国にあります。

　ですが，外国籍児童生徒の就学義務が定められていないがゆえに対策が遅れ，そうした子どもの不就学や不登校が問題となっています。教育課程や指導文化の問題もあり，例えば「特別の教科　道徳」には，「日本人としての自覚」を画一的に求める内容項目があります。「特別扱いしない」平等主義的な指導文化が，支援が必要な子どもの学習権保障を妨げるケースもあります。

　こうした課題を抱えた日本の学校を，グローバル時代にふさわしい公教育機関として高く評価することは，残念ながら難しいでしょう。国という枠組みに縛られた狭量な教育観を超え，グローバルに子どもの成長・発達を保障する多文化共生システムの一角を占める——それは日本の学校の新しいチャレンジの形かもしれません。

┈┈┈┈┈┈┈┈┈┈┈┈┈┈┈┈┈┈┈┈┈┈┈┈┈┈┈┈┈┈┈┈┈┈

☞ **文献にチャレンジ**

額賀美紗子・芝野淳一・三浦綾希子編（2019）『移民から教育を考える——子どもたちをとりまくグローバル時代の課題』ナカニシヤ出版

Report assignment　レポート課題

本章の内容を振り返って，下記の 2 つについてそれぞれ 200 字程度でまとめてみましょう。

① 1980 年代以降の日本の学校教育には，どのような問題が生じたか。
② 今後の日本の学校にはどのような変化が求められるか。

Further readings　次に読んでほしい本

おおたとしまさ（2022）『不登校でも学べる――学校に行きたくないと言えたとき』集英社

加藤美帆（2012）『不登校のポリティクス――社会統制と国家・学校・家族』勁草書房

苅谷剛彦（2019）『追いついた近代 消えた近代――戦後日本の自己像と教育』岩波書店

三浦綾希子（2015）『ニューカマーの子どもと移民コミュニティ――第二世代のエスニックアイデンティティ』勁草書房

吉見俊哉編（2019）『平成史講義』筑摩書房

Book/Cinema guide　読書・映画案内

© 2022「かがみの孤城」製作
委員会

『かがみの孤城』（原恵一監督，2022 年）
▶辻村深月の同名小説の映画化。主人公のこころは，学校に居場所をなくして部屋に閉じこもる中学生です。あるとき彼女は，鏡の中の城に迷い込み，6 人の中学生たちと出会います。中学生の生きづらさが繊細に描かれた作品を手がかりに，現代の子どもの困難を想像してみてください。

Part

第 **III** 部

これからを教育学する

Chapter

Introduction●第Ⅲ部　これからを教育学する

　この部であなたが目の当たりにするのは，これからの社会を生きる
子どもたちが直面する切実な，現在進行形の問題です。そして同時に，
教育学者たちも簡単には答えが出せない難問でもあります。Ⅰ部で鍛
えた概念と，Ⅱ部で史実に学んだ経験を生かして，「これからの教育」
を考える教育学的思考に取り組んでみましょう。

20XX年4月X日　ナナ中学校 入学

Quiz クイズ

この章の主題になっている学力と能力，どちらも「力」という漢字が入っています。小学校 1 年生で学習する基礎的な漢字です。この「力」という漢字の由来は **a.**〜**d.** のどれでしょうか。

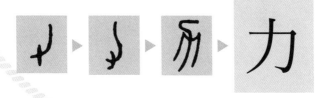

a. 農具の鋤の形をかたどったもの　**b.** 牛の形をかたどったもの
c. 筆の形をかたどったもの　**d.** 剣の形をかたどったもの

（出所）　小川ほか 2017 より作成。

★本章の学習をサポートするウェブ資料は，右の QR コードよりご覧いただけます。

Answer クイズの答え

a. 農具の鋤の形をかたどったもの

地面を耕すのに鋤が用いられていたことから，転じて，鋤の形が「ちから」の意で用いられるようになったと考えられます。「ちから」そのものは見えませんから，「ちから」がはたらく様子を描写したということかもしれません。そんな肉体労働のさまから生まれた文字が，学力や能力などという，より抽象的，知的になにかをなす精神の「ちから」を表現する際にも使用されるようになりました。

Chapter structure 本章の構成／関連する章

[関連する章]

1 **学力という難題**
Keywords
学力論争／態度／学力テスト

第1章 知に恋い焦がれる学び	第6章 大衆化する教育

2 **資質・能力／コンピテンシー**
Keywords
「新しい能力」／コンピテンシー／VUCA

3 **格差の再生産**
Keywords
メリトクラシー／教育格差／ペアレントクラシー

第4章 学校という難問

Goals 本章の到達目標

1. 学力や能力という言葉の教育学における含意を知る
2. 現代の学力政策や教育課程政策の動向を知る
3. 学力・能力に関わる社会問題について自分なりの見解をもつ

Introduction 導入

人間力って言わないで……

ナナ　ケイタ

 ナナ「そういえばさ，ケイタくんって一般入試でこの大学に入ったんだっけ？」

 ケイタ「うん。ああ，よみがえる灰色の受験勉強の日々……」

 ナナ「あはは。でも確か，ケイタくんって，推薦入試にもチャレンジしてなかった？」

 ケイタ「そうなんだけど，倍率 1.1 倍くらいだったのにまさかの不合格で，それで一般入試に再チャレンジしたってわけさ」

 ナナ「あらまあ。お疲れさまでした」

 ケイタ「ねぎらいのお言葉どうも。そうだね，受験勉強は確かに疲れた。それ以前に，推薦入試に落ちたときのダメージがものすごく大きかったしね。一般入試に気持ちを切り替えるの大変だった」

 ナナ「そうだったんだ」

 ケイタ「推薦入試って内申点と面接じゃない？ それで落ちるってなんか，高校のときの自分の経験とか，ぼくの人柄とか，とにかくまるごと全部ダメ，みたいに言われた感じがしてさ」

 ナナ「おおう……。そんなことはないと思うけど。ただ，ペーパーテストで測れる学力って限定的だからね。内申書や面接で，それで測れない能力をみたかったんだろうね」

 ケイタ「テストで測れない能力って，『人間力』みたいな？」

 ナナ「いやまあ，そうなんだけど，ただ学力っていうのもいろんなとらえ方があって，『人間力』みたいなものも含んだり含まなかったりして……。ああ～，なにから説明すればいいの!?」

学力，能力，人間力……　それっていったいなんのこと？

1　学力という難題

講義　学力論の論点

▷ **学力は論争的**　**学力**とは，人間の諸能力のうち，主として学校教育によって育まれる力である。テストで測定された学力は受験者の人生に大きな影響を与えるため（➡4章1節 **問い**），人々の関心は高い。また OECD（経済協力開発機構）の「生徒の学習到達度調査」（PISA）（➡本節 **問い**）など国際学力調査の結果は，各国の国力を示す数値として強い影響力をもつ。そんな学力だが，実は中身は論争的である。論点の1つである**態度**をめぐる議論を紹介することで，その一端を示したい。

▷ **学力論争のはじまり**　戦後日本の教育はアメリカの影響を受けた**経験主義教育**として出発したが，1948 年頃から，マスコミを中心に「**学力低下**」論が生起する。戦後初の学習指導要領を編集した児童心理学者の青木誠四郎は，「低下」を主張する批判者の学力観そのものを退け，「**生活の理解力**」と「**生活態度**」を新しい目標（学力概念）に掲げて反論した。**学力論争**のはじまりである。

　以後「**基礎学力の防衛**」（国分一太郎），「**問題解決学力（生きて働く学力）**」（コア・カリキュラム連盟）など議論百出。論争のなかであらわれた**学力観**は4つに整理できる。①すべての学習の基礎となる**3R's（読み・書き・算）**，②それぞれの**教科学習**にとって基礎となる教育内容，③国民的教養の基礎として少なくとも義務教育段階までに共通して獲得してほしい教育内容（**ミニマム・エッセンシャルズ**），④学力構造（知識・理解，問題解決学力，関心・態度など）における基礎部分。なお，④の発展形が次に示す広岡モデルである（田中 2008）。

▷ 2つの学力モデル

1960年代には，教育学者の広岡亮蔵が新たな**学力モデル**を提案した（図10-1）。科学的な学力の層（外側の2層）が内側の態度層の力に支えられるこのモデルは，教師の実感と符合する説得力があった。ただしこのモ

図 10-1 広岡の学力の 3 層モデル

（出所）広岡 1964。

デルは，学習者のつまずきを教師の指導ではなく当人の心構え（主体性や意欲）に帰する**態度主義**に陥る危険性も指摘されている。

　他方，人間の能力を広く視野に入れつつも，学校で育まれる力（学力）を「**認識の能力**」として狭く設定したのが勝田守一である（勝田 1972）。勝田は学力を，「成果が計測可能なように組織された教育内容を学習して到達した能力」ともいう（**計測可能学力説**）。これには「計測不可能なものこそ真の学力である」との批判も想定されるが，勝田の観点からは，そうした批判は「心構え」だけを不当に重視する態度主義ということになる。

▷ 態度的なものの行方

学力論はその後，態度（主体性，意欲）は学習内容の習得後の段階で育つとする**習熟論**（中内敏夫），認知的能力と情意的性向が並行して育つとする**並行説**（稲葉宏雄）など，多くのバリエーションを伴って現在に至る。ちなみに現在の公教育の学力・能力概念は態度を含むが（➡2 節），態度（心のあり様や人格の一部）まで教育と評価の対象とするそれが，産業界が主導する「人間力の育成」のような粗雑な教育目標論と結びついたり，人材選抜の指標となることで，個々人の人間性そのものを序列化する生きづらい学校と社会を生み出しているとする議論もあり，その是非が問われている（本田 2020）。

　学力は目に見えないものです。わたしたちは，それを可視化するために，大小さまざまなテストを活用します。そのなかでも大規模なものとして，2007年から続く「全国学力・学習状況調査」（以下「全国学力テスト」）があります。その名の通り，全国の小中学生の学力や学習状況についての調査です。

　では，この調査の目的はなんでしょうか。日本の子どもの学力を測るため？　実はそう単純ではないようです。

▷ **政策のためのテスト**　　しばしば日本社会では，競争で子どもを厳しく育てるためとか，「ぬるま湯」に浸かっている学校や教員に発破をかけるため，などの理由から**学力テスト**実施を主張する人々がいます。そうしたプレッシャーは行き過ぎたテスト対策や不正行為の誘因となり，学校教育に歪みをもたらします。必要なのは，子どもたちの学力の実態（**学力格差**）を客観的に明らかにし，その原因を探り，「**証拠にもとづく適切な教育政策**」（EBPM：evidence-based policy making）を実施することです（「政策のためのテスト」）。

▷ **PISAの「リテラシー」**　　そのためには，理論にもとづいた適切なテストが必要です。例えばOECD「生徒の学習到達度調査」（**PISA**）は，世界各国の15歳の生徒を対象に，将来の社会で必要な能力（読解リテラシー，数学的リテラシー，科学的リテラシー）（➡2節）を調査するものです。日本の学力は多義的ですが，PISAのリテラシーは明確に定義されています。また，異なる時期の結果を比較可能にする理論（項目反応理論）にもとづいたテスト作成，理論にもとづいた受験者の選定（重複テスト分冊法，多段階抽出法）など，世界各国のリテラシー（学力）の実態を比較可能な形で明らかにする，精緻なテスト（調査）になっています。

▷ **日本の学力テストの独特さ**　　それに対して，日本の全国学力テストは独特です。まずそもそもこのテストでは，測定する学力が定義されていません。むしろこれは，学習指導要領で示された内容の定着度合いをみる「確認テスト」に近いといわれています（川口2020）。毎年異なった問題が課されるこの「確認テスト」では，たとえ正答率が上がっても，学力が上がったのか問題が簡単だったのか区別がつかず，学力の実態や変化がわかりません。さらに，学力測定は理論的には全体の数％のサンプル調査で十分なところ，全国の小学6年生と中学3年生を対象とした悉皆調査であることも特徴です。

▷ **指導のためのテスト**　　この独特さは，全国学力テストが，子どものつまずきを把握し（確認テスト），その結果を指導に生かすため，つまり「**指導のためのテスト**」であることに起因します（川口2020）。一人ひとりの子どものつまずきを分析し，指導の手がかりを得るためならば，テストが学習内容に準拠すること，悉皆方式であることはうなずけます。全国学力テストはとても「教育的」で「すぐに現場の役に立つ」テストを志向しているといえます。

　ですが理念としては理解できても，現行の全国学力テストでは，結果を素早くきめ細かに学校現場に還元することは困難であり，「指導のためのテスト」としての有効性は低いと考えられます。他方で「政策のためのテスト」としては，学力実態を客観的につかむには不適です。むしろこれが都道府県別の学力ランキングとして開示されてしまうことで，不適切な競争や不正を誘発するという副作用もあり，その是非やあり方をめぐって議論が続いています。

☞ **文献にチャレンジ**
川口俊明（2020）『全国学力テストはなぜ失敗したのか —— 学力調査を科学する』岩波書店

2　資質・能力／コンピテンシー

講義　グローバル社会を生き抜く力

⬜▷ 資質・能力とは　　2017-19 年告示の学習指導要領では，学校教育で子どもたちに育成すべき「力」として，新たに**資質・能力**という概念が掲げられた。「資質」はどちらかといえば「生まれつき」という意味合いが強く，他方で「能力」は教育や訓練によって伸ばしていくものと解されるだろう。そうしたニュアンスの言葉を「・」でつないだ独特な概念である「資質・能力」を，学習指導要領は，各教科と領域の教育活動を通して，下記の**3 つの観点**（柱）を実現することで育成されるものとしている。

①知識及び技能が習得されるようにすること

②思考力，判断力，表現力等を育成すること

③学びに向かう力，人間性等を涵養すること

世間一般の教育談義では，「知識偏重の学校教育」のイメージは根強い。しかし現在の教育界ではそうした「知識偏重」からの脱却が進められていることを，まずは確認しておきたい。もちろん，上記①にあるように個別の**知識や技能**（**スキル**）が不要とされるわけではない。しかし議論の重心は，それら個別の知識や技能を「活用」して考え，判断し，表現すること（②）にある。と同時に③の強調は，資質・能力が，人間がなにかを為す際の，興味・関心などの情意面，対人関係能力などの社会的側面を強く意識したモデルであることの表現である。教育学者の松下佳代は，こうした認知的能力から人格の深部にまでおよぶ包括的な能力（モデル）を，「**新しい能力**」（松下 2010）とよぶ。

▭▷ **グローバルな能力概念** そうした「新しい能力」のトレンドはいったいどこから，そしてなぜ生じたのか。ここで注目したいのが OECD である。この国際機関は世界の社会・経済・環境問題の解決を目標に掲げているが，2000 年前後からは教育の目標設定や達成の評価に関わる新たな能力概念の策定に力を注いでおり，世界各国の教育政策に影響を与えている。

例えば，PISA が採用する**リテラシー**概念は，読解，数学，科学などの知識やスキルを「活用」して社会に参加する力を意味する。また，同じく OECD が 2000 年前後に実施した **DeSeCo プロジェクト**は，「道具を相互作用的に用いる」「異質な人々からなる集団で相互に関わり合う」「自律的に活動する」の 3 つからなる能力概念「**キー・コンピテンシー**」を提唱した。現在その試みは **Education 2030 プロジェクト**に継承され，「ラーニング・コンパス」という名の学習の枠組みとして整理されるとともに，「変革を起こす力のあるコンピテンシー」「エージェンシー」「ウェルビーイング」など新たな概念も付加され今日に至っている（OECD 2018）。

▭▷ **VUCA 時代の能力論** こうして新たな能力が矢継ぎ早に，またグローバルに提唱される背景には，グローバルに展開する社会変革への対応という関心が存在する。ビジネス界でしばしば聞かれる **VUCA** という語がある。volatility（変動性），uncertainty（不確実性），complexity（複雑性），ambiguity（曖昧性）の頭文字をとったもので，変化が激しく，不確実で，複雑で，曖昧で予測不可能なグローバル社会の性格を表現するものである。こうした社会において個人の人生の成功を保障するには，また社会自体をもっとうまく機能する社会に変えるには，これまでとは異なる高度な能力をもった人材が必要とされる。そうした切迫した危機意識が，世界的な教育改革を駆動しているのである。

| 問い | コンピテンシー・ベースのメリットと危うさとは？ |

> 本節 講義 では，OECD の「キー・コンピテンシー」という概念
> を紹介しました。一般にコンピテンシーとは，ある特定の場面で生
> じる複雑な課題に，知識，技能，感情や態度，価値観，動機づけな
> ど，手持ちのさまざまな資源をうまく活用して対処する能力のこと
> です。ペーパーテストで測られる「学力」に対して，いわば，社会
> を生きるための「実力」といったところでしょうか。
>
> そんなコンピテンシー概念は，日本のカリキュラム改革にも影響
> を与えています。そのメリットと危うさとは？

▷ **コンピテンシー・ベースとは**　　　従来の**カリキュラム**は各教科
や領域ごとに教える内容（コンテンツ）を積み上げてつくられたい
わゆるコンテンツ・ベースのものでした。一方，コンピテンシー・
ベースのカリキュラムは，そうした内容の積み上げではなく，まず
現代社会を生きるうえで求められる**能力**（**コンピテンシー**）を定め，
そうした能力を育成するために必要な内容を精選して配置していく，
という考え方をとります。それは教科学習のみならず**教科外活動**
（総合的な学習の時間，学級活動，児童会・生徒会，クラブ活動，学校行事
など）の内容の見直しにもつながります。

これは確かに大きな改革です。こうした発想の転換によって，学
校は，社会とそこを生きる個々人のニーズに即した教育機関に生ま
れ変わるかもしれません。かつての「受験学力」は，記憶された断
片的な知識の量や，公式に当てはめて問題を早く正確に解く計算ス
キルにすぎず，社会では役に立たないと批判されてきました。コン
ピテンシー・ベースのカリキュラムが，そうした旧来学力ではなく，
社会の問題を解決し，新しい価値を創造するための能力や主体性を
育むとなれば，社会にとっての学校の価値は高まります。

改革のメリットは，子どもたちにも及びます。従来のコンテンツ・ベースのカリキュラムでは，内容を網羅的に教える・学ぶ授業になりがちで，子どもたちが学習の意味を感じにくいという問題があります。その点コンピテンシー・ベースのカリキュラムでは，「社会で求められる○○力」が明示され，学習者にとっての学ぶ意味が明確になる可能性があります。

▷ **コンピテンシーの危うさ？**　　しかし懸念もあります。コンピテンシーは抽象度が高くとらえがたい概念です。これを安直に適用すると教育が貧しく偏ったものになりかねません。

例えば，「これからの社会はコミュニケーション能力が重要だ」という安易なコンピテンシー論から，「とにかく話しあい活動をたくさんやらせよう」という授業改善を引き出してしまうと，子どもたちがじっくり教育内容（文化や科学）と向きあって育つことができなくなります。コンピテンシーを意識しすぎるあまり，特定のそれだけを直接訓練して伸ばそうという極端な合理化は，カリキュラムや学習活動を形骸化・空洞化させる危険性が高く注意が必要です。

また，コンピテンシーの前提になっている人間像や社会像について，俯瞰的に吟味することも重要です。しばしば経済界では，グローバル経済を勝ち抜く能力の必要性が語られますが，コンピテンシー概念がそうした要請に引きずられてしまうのは問題です。個人の人生の成功やうまく機能する社会が経済的な意味で豊かで活気があるものとしてイメージされるのは確かですが，経済のことだけに局限されない，包括的な人と社会の理想を追求するということも，教育学の課題として確認しておきたいと思います。

- -
☞ **文献にチャレンジ**
石井英真（2015）『今求められる学力と学びとは──コンピテンシー・ベースのカリキュラムの光と影』日本標準
- -

3 格差の再生産

講義 教育格差を考える

▷ **メリトクラシーは希望？**　　**メリトクラシー**は社会学者 M. ヤングの造語で，貴族が支配する貴族制に対して，メリット（業績）のある者が支配する社会体制のことである。「業績」は，例えば学歴を思い浮かべればよい。そして**学歴**（業績）はその個人の知能に努力が加えられたものである。なお日本語では，メリトクラシーは「能力主義」と訳される。業績によって示される知能と努力の合成物が能力だという理解なのだと考えられる。

　メリトクラシーは第一義的には「解放」の論理である。前近代社会の人々は身分に縛られていた。有能でも庶民の家に生まれれば学びの機会は閉ざされ，裕福な生活は望めない。逆に貴族や武士など支配階級の家に生まれれば，豊かな生活と学習機会に恵まれ，社会の支配的地位を占めることができる。そうした理不尽な制度から解放され，誰もがメリット（業績／能力）に応じて「立身出世」できるならば，それは希望のある社会のように思われる。

▷ **メリトクラシーの害悪？**　　だがこうしたメリトクラシー（**能力主義**）社会には批判もある。アメリカの哲学者 M. サンデルによれば，能力の高い者がよい待遇を得られるのは当然という考え方（能力主義）は，人々の絆を傷つけ，能力が低いとされた者の自信を奪う。また，能力の指標として学歴が強調されると，学歴偏重の偏見が生み出され，非大卒者をおとしめることになる。さらに，高度な教育を受けた専門家（能力のある者）に社会や政治の問題の解決を任せることは，民主主義を腐敗させ，市民の力を奪うという。

▷ **「緩やかな身分社会」**　　他方，高い能力や業績は個々人の努力の賜物であり，だから地位や待遇はその努力への正当な報奨だと考える人もいるかもしれない。だがそうした考えは，少なくとも，誰でも努力すればよりよい地位や待遇を得られるような，公平・公正な競争が保障されていてはじめて成り立つことだろう。そして日本社会の能力レースは，必ずしも公平・公正ではない。

　実際日本社会は，生まれ育った家庭と地域次第で将来の可能性が制限される**「緩やかな身分社会」**（松岡 2019）といわれる。過去の身分制社会やいくつかの外国の例ほど強固ではないものの，親の学歴，収入，職業，家庭の文化的状況などを意味する**社会経済的状況**（socioeconomic status；**SES**）に恵まれた子どもほどよりよい教育の機会に恵まれ，そのことが将来の高い学歴や地位につながっていく。これが**教育格差**である。また，教育格差は出身が都市部かどうかとも関連しており，都市部に生まれるほどよい学歴を達成するのに有利という教育の**地域格差**の問題も，決して無視できない。

▷ **格差と学校**　　そもそも理念的には，学校はそうした「生まれ」による不平等を是正するためにある。同じ地域の子どもが同じ学校に通い，同じ教室で学ぶ。教育によって能力（学力，資質・能力）が引き出されると同時に，人々が互いに尊重し合う民主的社会が形成される——これが戦後日本の教育がめざした理想だった。

　しかし再び松岡（2019）によれば，そうした理念・理想とは裏腹に，日本社会では，出身家庭の SES に起因する学習や文化的経験の格差は幼児期にはじまり，それが就学後の学力格差を生み出している。それは受験を介して進学・就職の格差に，そして次の世代のSES 格差につながっていく。学校は確かに子どもたちに平等に学習の機会を保障しているが，その子どもたちの SES が不平等である以上，学力や資質・能力そして将来の社会的地位を賭けた競争は，結局は**格差の固定化・再生産**に帰着してしまうのである。

問い 「親次第」の社会を生きるつらさとは？

> メリトクラシー社会とは，能力（知能と努力）によって業績を達成した者が支配する社会のことでした。しかし本節 講義 では，業績あるいはその達成を可能にした能力の高低は，その子が生まれ落ちた家庭環境（社会経済的状況：SES）に大きく左右されることを確認しました（教育格差）。
> こうした「親次第」の社会のことを，社会学では「ペアレントクラシー」の社会とよぶのですが，それはとても生きづらい社会なのだといわれます。どういうことでしょうか。

▷「親次第」の社会　　ペアレントクラシーは，イギリスの教育社会学者 P. ブラウンが，メリトクラシーの次の社会体制を描くために用いた造語です。メリトクラシーが「メリット＝知能＋努力」と定式化されたのに対して，ペアレントクラシーは「選択＝富＋親の熱意」とされます。常識的には，子どもの人生の「選択」の幅はその子個人の能力で決まるように思われます。ですが実はその能力は，その子が生まれた家庭の「富」，そしてその「富」を子どもの能力開発のためにどれだけ用いるか，すなわち「親の熱意」次第である，とブラウンはいいます。

　努力も親次第？　それは本人次第では？　とあなたは思うでしょうか。しかし，潤沢な資金と親の熱意のもとで育てられる子どもは，親の進学期待を内面化するとともに，学習の成功体験を積み重ね，自信をもって勉強に向かうようになります。また「粘り強く物事に取り組む力」（いわゆる「非認知能力」）が子どもの将来を左右する能力として注目されていますが，これを育てると謳う商品やプログラムを利用するにも「富」と「親の熱意」が必要です。子どもが努力できるかどうかも，SES が関与している可能性は大きいわけです。

▭ **教育におけるマタイ効果**　　そうして，富める者の子どもは親と同じかそれ以上の社会的待遇を得る可能性を高め，そうでない者の子どもは競争から実質的に排除されることになります。こうした「富める者はますます富み，貧しいものはより貧しくなる」という残酷な現象は，そうした趣旨の聖書の言葉にちなみ「**マタイ効果**」ともよばれます。そうして日本社会は教育的にも，そして経済的にも，二極化しているといいます。

　ただ難しいのは，お金に糸目をつけず愛情をもって子どもを育てる親のあり方，家族の形（➡6章）は，それ自体決して否定できないものだということです。子どもがなにかをできるようになる／わかるようになるのは喜ばしいことです。「格差が生まれては困るので，子どもをあんまり熱心に教育するな」とはいえないですし，そうしたよびかけがうまくいくはずもありません。

▭ **親たちの不安**　　とはいえ，子育て・教育に熱心な親たち（とくに中間層）の心中は，希望にあふれているとは限りません。子育ては放任？ それとも厳しく？ いまの住まいは受験に不利？ 公立学校は不安，じゃあ私立？ 塾はどうしよう？ お稽古事は？ 子育て・教育に「これでいいのか？」という不安や迷いはつきものですが，「これからは予測不可能な社会が来る」となるとなおさらです。そんな不安や迷いのなかでの子育てはとても苦しいものでしょう。

　これはつまり，教育のあり方と同時に，社会のあり方が問われているということです。「先のみえない競争社会を勝ち抜くためによりよい教育を」という親心はわからないではありませんが，それだけではなく，そもそも厳しく競争しなければ生き残れない社会のほうを批判的にみることが必要なのかもしれません。

☞ **文献にチャレンジ**
神代健彦（2020）『「生存競争」教育への反抗』集英社

本章の内容を振り返って，下記の2つについてそれぞれ200字程度でまとめてみましょう。

① 学力（資質・能力）をめぐる論点には，どのようなものがあったか。
② 能力を重視する社会にはどんな問題があるか。

///

/// *Further readings*　次に読んでほしい本 ///

志水宏吉（2022）『ペアレントクラシー――「親格差時代」の衝撃』朝日新聞出版

白井俊（2020）『OECD Education 2030 プロジェクトが描く教育の未来――エージェンシー，資質・能力とカリキュラム』ミネルヴァ書房

田中耕治編（2017）『戦後日本教育方法論史（上）――カリキュラムと授業をめぐる理論的系譜』ミネルヴァ書房

中村高康（2018）『暴走する能力主義――教育と現代社会の病理』筑摩書房

松岡亮二（2019）『教育格差――階層・地域・学歴』筑摩書房

松塚ゆかり（2022）『概説 教育経済学』日本評論社

ヤング，M.（2021）『メリトクラシー』講談社エディトリアル

/// *Book/Cinema guide*　読書・映画案内 ///

©2018 フジテレビジョン
ギャガ AOI Pro.

『万引き家族』（是枝裕和監督，フジテレビジョン，2018年）

▶是枝監督が数多く手がける「家族」の物語の1つ。格差社会のただなかで，犯罪でつながったこの「家族」の絆は美しく，やるせない。こうした家族を救うために，教育はなにができるでしょうか。あるいはこれは，教育などおよびでない物語，教育の無力さを示す作品なのでしょうか。

学校と地域を教育学する

Quiz クイズ

2022 年の総務省統計局の人口推計によれば，日本の総人口は 2008 年に 1 億 2808 万でピークを迎え，その後は減少局面に転じています。その 2008 年の総人口 1 億 2808 万は，約 150 年前の明治時代初期と比較して，どれくらい増えているでしょうか。

a. 0.68 倍　**b.** 1.68 倍　**c.** 3.68 倍　**d.** 4.68 倍

★本章の学習をサポートするウェブ資料は，右の QR コードよりご覧いただけます。

Answer クイズの答え

c. 3.68 倍

国立社会保障・人口問題研究所「人口統計資料集」によれば，1872（明治5）年の日本の総人口は 3480 万で，2008 年の日本の総人口はその約 3.68 倍です。爆発的な増加といえます。しかし今後は長期の人口減少過程に入るとされており，同研究所「日本の将来推計人口」（2023 年推計）では，2070 年には 8700 万（出生中位・死亡中位推計）まで減少するとしています。その実態は少子化と高齢化であり，特に人口減少の程度が大きい非都市部圏（地方圏）で，地域経済やコミュニティの衰退が懸念されています。

Chapter structure 本章の構成／関連する章

```
        1  震災と学校                      ［関連する章］
        Keywords
   復興／震災からの自由／震災への自由

              ↓                                    第 4 章
                                                  学校という
        2  子どもをケアする学校と地域        第 8 章   難問
        Keywords                         成長する経済，
  子どもの貧困率／プラットフォーム／教員文化   そのとき
                                          若者は
              ↓
                                                   第 10 章
        3  人口減少社会と学校の挑戦                   学力／能力を
        Keywords                                   教育学する
   少子化／地方（地域）の衰退／高校魅力化
```

Goals 本章の到達目標

1. 学校と地域をめぐる現代的な問題について理解する
2. 日本における今後の学校と地域の関係のあり方について，自分なりの見解をもつ

Introduction 導入

子どもと学校が減る時代

ケイタ　ナナ

 ケイタ「そういえば，ナナさんは来年3月で大学院は修了でしょ？　就職ってどうするつもりなの？」

ナナ「痛いところを突いてきたね……うーん，やっぱり教員かな。小学校か，中学校の美術かで迷ってるけど」

ケイタ「そっか。まあでもどっちにしろ，地元に残るってことだね。地元で育ち，地元の大学を出て，地元で教員就職。やる仕事は，地元の子どもを教え育てること，ってわけか」

ナナ「まあね。ただ，小学校のほうは，母校で教師をやるって夢を叶えるのは無理みたいでさ」

ケイタ「え？　なんで無理なの？」

ナナ「統合されちゃうの，わたしが通ってた小学校。ケイタくんが通ってた小学校に吸収される形だね。地元の人たちからは，思い出の学校で，いまも地区のシンボルだから，なんとか残してって声も多かったんだけど……」

ケイタ「えっ，知らなかった。でも，なんでそんな話に？」

ナナ「少子化で子どもがいなくなっちゃったんだよ。わたしが通ってた小学校って，ケイタくんの小学校と違ってもともと小規模校だったしね。あと，敷地の一部が災害警戒区域に指定されたのも大きかったみたい」

ケイタ「それは……うーん」

ナナ「まあ難しいよ，こればっかりは。せめて新しい学校は，地域と一緒に支えあって発展していってほしいんだけどね……」

地域と学校の危機？　なぜ？　対策は？

1 震災と学校

講義 学校の被災と復興

　学校と**地域社会**は，切っても切れない関係にある。自然災害から社会構造の転換まで，現代の地域社会を脅かすリスクは数多いが，地域の危機は学校の危機でもある。本章では，そんな**危機**のなかの地域と学校について考えてみたい。

▷ **東日本大震災**　2011 年 3 月 11 日 14 時 46 分ごろ，宮城県牡鹿半島東南東 130 km 付近でマグニチュード 9.0 の地震が発生した。本震による震度は宮城県北部で最大震度 7，宮城，福島，茨城，栃木県などで震度 6 強を観測。地震による巨大な津波が，岩手，宮城，福島県を中心とした太平洋沿岸部を襲い，多くの人命を奪った。福島第一原子力発電所では，原子力災害が発生。警戒区域等に指定された地域の人々は，故郷を離れることを余儀なくされた。

▷ **3.11 の学校**　地震発生は平日の昼下がり，教師と子どもたちが学校にいる時間帯だった。年度末の学校は突然，大災害の矢面に立たされた（田端 2012）。管理職の一瞬の判断が，教職員と子どもの生死を分けたという。教師は自分の家族だけでなく，児童生徒やその家族の安否確認に追われ，その結果を受けとめ続けた。学校は避難所となり，多くの

表 11-1 東日本大震災の概要

死者	15,467 名
行方不明者	7,482 名
負傷者	5,388 名
避難者数	124,594 名
建物倒壊	全壊　103,981 戸 半壊　96,621 戸 一部損壊 371,258 戸

（出所）　2011 年 6 月 20 日 17 時 00 分時点の「首相官邸緊急災害対策本部発表」より抜粋。

教職員と地域住民が協働したが，失われる命もあった。

▷ **復興の形をめぐって**　　被災地はその後，復興に向けて歩みはじめることになった。だが，めざすべき復興の形は自明ではない。津波に襲われた地域では，倒壊した建物の再建や次の災害に備えた防災設備の建築が進んだが，親しい人や住み慣れた暮らしを失った被災地の人々には強い喪失感情が残ったという。また学校の復興として，被災した児童生徒のケアよりも，震災前に定められていた教育課程（授業時数）の実施を優先しがちな教育行政のあり方に，疑問を投げかける教師たちもいた（徳水 2018）。

　そうした教師たちの問題意識は，地域と学校を一体的に復興することをめざした，独自の教育課程編成の提案に結実する例もあった。例えば宮城県石巻市雄勝町の雄勝小学校では，子どもたちが地域の人々とのつながりを再構築し，主体的に復興活動に参加していくよう導く一連の教育実践が展開された（同 2018）。

▷ **地域復興のシンボルとしての学校**　　とはいえ，教育の前提となる学校と地域の関係そのものが，震災によって大きく変わってしまった例も多い。清水睦美らが調査した岩手県陸前高田市には，震災前から統合が議論されていた A，B，C の中学校があった。背景には児童生徒数の減少があった。震災後，津波で校舎が使用不能になった 3 校は近隣小学校を間借りして再開，その後 2013 年 4 月から 1 つの中学校に統合され再出発した。

　C 中は震災以前は単独維持の意見も根強かったが，その C 中が統合に加わった理由は，やはり震災であった。津波で主要産業の漁業に被害を受けた C 町住民は，不安と焦燥のなかで，復興のシンボルとしての統合中学校に希望を託した。それぞれ固有の歴史と文化をもつ 3 つの地域の，それぞれ異なる被災経験をもつ生徒たちは，そうして誕生した新しい H 中学校で，教師や地域住民たちとともに，復興の道筋を歩むことになった（清水 2013）。

震災後に 3 つの中学校が統合して生まれた H 中学校は，その後，どのような復興の道筋を歩んだのでしょうか。 講義 で言及した清水ら（2020）の研究グループは，H 中学校開校後の 5 年間にわたって継続的に H 中学校に通い，そのプロセスを調査・分析しています。その成果について少しふれてみましょう。

▷ **B 中学校から H 中学校へ**　　3 つの中学校が統合した H 中学校は，旧 B 中学校の敷地に新たに開校しました。統合前の B 中学校，そして統合後の H 中学校で参与観察を続けた松田洋介によれば，新旧の学校の様子（学校文化）はやはり異なっていたといいます（清水ほか 2020）。

例えば，震災後の B 中学校では，教師それぞれのやり方で緩やかな指導がなされ，ルールや秩序はさほど強調されていませんでした。思い出づくりを意識した B 中学校では，総じて，生徒ができる限り震災を気にせず過ごすことのできる環境づくりが基調となっていました。生徒への震災の影響をできる限り小さく抑え，震災にとらわれずに教育活動に取り組んでいくこうした指向性を，松田は「**震災からの自由**」とよびます。

他方で新しい H 中学校では，生活や学習の規律が重視されるようになりました。それは，地域の日常生活と学校生活の距離が広がり，学校的な秩序が形成されるようになったことを意味しています。また文化祭や運動会など「ハレ」の行事や部活動へのコミットメントが推奨され，そうした活動のなかで H 中学校生としてのアイデンティティ形成が期待されました。松田はこうした指向性の背後に，復興のシンボルとしての統合中学校という地域の期待に応えようとする，H 中学校の教師の思いを読み取ります。

▭「震災への自由」　　また松田は，こうした経過のなかに，「**震災への自由**」という別の指向性をみます。震災を忘れる，あるいは距離をとる「震災からの自由」とは区別される，生徒たちが震災の経験を自分で主体的に乗り越えていくよう励ますという指向性です。

　例えば，M先生が組織した「つながりプロジェクト（仮名）」という生徒会活動はその1つです。このプロジェクトでは，地域の方々に年賀状を送る「元気お届け大作戦」，地域の清掃や側溝の泥あげを手伝う「お手伝い大作戦」，仮設住宅居住者を招待するお汁粉パーティーなど，生徒主体の地域住民との関係づくりの活動が展開されました。M先生のねらいは，一方的に受動的な被支援者の立場におかれがちであった被災学校の生徒たちが，こうした活動を通して主体性を取り戻していくことであったといいます。

▭　**ケアの学校文化**　　とはいえ，すべての生徒がそうした活動に前向きに取り組めるわけではありません。震災が理由なのかは不明ですが，M先生の担当学年には3名の不登校生徒がいました。松田のインタビューにM先生は，不登校続きで高校受験の願書を書けない生徒たちを夕方6時過ぎに学校に招き，「夜間学校」と称して，寄り添いながら願書作成の指導を続けたと答えています。

　日常的には規律を重視するM先生ですが，このエピソードからは，生徒の状況に応じてケア的に関わる別の一面が浮かび上がります。復興のシンボルとしてのH中学校にふさわしい規律を求め，震災経験を主体的に乗り越えさせていく（震災への自由）という指導がH中学校の表面（顕在的学校文化）だとすれば，そうしたケア的な配慮はその裏面（潜在的学校文化）として注目に値します。

- -
☞　**文献にチャレンジ**

清水睦美・松田洋介ほか（2020）『震災と学校のエスノグラフィー――近代教育システムの慣性と摩擦』勁草書房
- -

2 子どもをケアする学校と地域

講義 学校と地域で取り組む「子どもの貧困」対策

▷ **子どもの貧困**　地域の子どもの生活や成長・発達上のリスクは，自然災害だけではない。労働や福祉の構造的欠陥から生じる格差や貧困もその1つである。厚生労働省「国民生活基礎調査」(2019) によれば，日本の**子どもの貧困率**は 13.5% で，7人に1人が貧困状態にある。さらに，子どもがいる現役世帯のうち「大人が1人」の世帯の貧困率は 48.1% に上るという。

貧困は複合的な困難を引き起こす。例えば，貧困は低学力と関連する（➡10章）。低学力はキャリア形成を難しくするため，世代を超えた貧困の再生産が懸念される。また貧困は，心身のリスクにも関連する。貧困は「飢え」を想起させ，実際長期休暇明けに痩せて登校する子どもがいる一方で，安価だが栄養バランスの悪い食生活から糖尿病に罹患する子どももいる。また攻撃性や多動，不注意，抑うつ，不安，引きこもり，自尊感情の低さ，疎外感など，貧困がもたらす心理的影響も大きい（柏木 2020）。

> **子どもの貧困率**
> 　貧困には，衣食住など生活の必要最低条件が満たされていない「絶対的貧困」と，社会の一般的水準に照らした困窮状態である「相対的貧困」がある。「子どもの貧困」は後者（相対的貧困）の状態にあることをさした言葉で，18歳未満の子どものうち貧困線（それ以下では生活を維持するのが難しいことを意味する所得の境界線）を下回る所得で生活する子どもの割合を，子どもの貧困率という。

▷ **学校と地域による子ども支援**　　貧困は，児童虐待，不登校や非行，いじめ，自死とも関連する。困窮する**子どものケア**が急務であり，しばしば家庭の役割が強調されるが，しかしむしろ子ども自身が，高齢の祖父母，病気や障害を抱えた父母，幼いきょうだいのケアを担い家庭を支えるという**ヤングケアラー**のケースもある（澁谷 2022）。子どもの貧困対策では，家庭の自助努力のみに期待するのではなく，学校と地域をあげた支援が必要である。

▷ **チーム学校**　　文部科学省の対策の1つの柱は**多職種協働**による子どもの支援体制「**チーム学校**」である。学校は困難を抱える子どもを把握するうえで重要な位置を占めており，その主たる構成員である教員は懸命に子どもたちをケアしているが（➡ **問い**)，彼ら彼女らだけですべてのケースに十分に対処することは難しい。養護教諭はそうしたケアを伝統的に担ってきたが，現在では，心理的ケアを行うスクールカウンセラー（SC）や，家庭，学校，友人関係，地域社会など子どもを取り巻く環境にはたらきかけるスクールソーシャルワーカー（SSW）も職員として位置づけられ，「チーム」としての連携協働体制が準備されている。

▷ **プラットフォームとしての学校**　　また内閣府「**子どもの貧困対策に関する大綱**」（2019 年）では，学校を，子ども支援の「地域に開かれたプラットフォーム」と位置づけている。期待されているのは，学校に配置された SSW が媒介となって，ケースワーカー，医療機関，児童相談所，要保護児童対策地域協議会，放課後児童クラブ，教育委員会，さらには NPO や民間の支援団体が連携協働して子どもの支援を行うという，地域をあげた包括的支援の枠組みである。現在の日本の学校は，狭義の教育機関というだけでなく，また教員だけの組織というわけでもなく，多職種が協働する，地域における教育と福祉の拠点としての役割が期待されている（山野 2018）。

> 　関西の小中学校の先生は，「しんどい子」という表現を口にします。経済的・文化的・社会的な困難を抱えている子ども，それゆえに，教師にとっては指導やケアにより手間暇をかける必要のある子どもという意味です。
>
> 　そんな「しんどい子ども」が多く通う「しんどい学校」ではいろいろな困難もありますが，教師たちは独特な教員文化（職務意識や価値観，関係性）を頼りとして，懸命に働いているといいます。さて，その「しんどい学校」の教員文化とは？

▷**「しんどい学校」で求められる仕事**　　日本の公立小中学校は，設備やカリキュラム編成など制度設計は一定の均質性がありますが，そこに通う子どもや保護者の社会経済的背景はさまざまです。そうした校区（地域）の特性が反映される形で，**「しんどい学校」**では教員が対応すべきさまざまな問題・課題が発生します。

　その問題・課題としては，学級規律の問題，学習指導やケアの問題，保護者との関係課題があげられます。社会経済的背景が厳しい子どもは学校適応に困難のある場合があります。教員への反抗的言動やエスケープ（学級を飛び出すこと）などの**問題行動**がみられる場合もあり，教員はそうした「荒れ」た学級の規律を保つという難題を背負うことになります。また，学習意欲に欠ける子どもの意欲を引き出すこと，頼ってくる子どもの感情的なケアも求められます。さらに，学校に非協力的な保護者とコミュニケーションをとることも重要であり，もし虐待や養育放棄が疑われる場合には福祉機関等と連携して対応することも必要になります。

▷**「しんどい学校」の教員文化**　　しかし中村（2019）の調査からは，そうした厳しい学校環境のなかでも，教員たちは働きがいを感

じ，一定の職場満足度を維持して仕事をしていることがうかがえます。その背景には，「しんどい学校」の教員が，保護者との協働的関係を作り上げ，子どもたちを学校と社会に包摂していくことを，自身の職務として積極的に引き受けているということがあります（**民主的専門性**）。また，他職種（SSWやSC）を含む同僚間の密接な協働関係が形成されていることが，「荒れ」に対応する教職員を孤立から守っている点も重要です（**対向的協働文化**）。

　もちろん，「しんどい学校」の教員たちも，誰もが最初からそうした**教員文化**（民主的専門性や対向的協働文化）をもっていたわけではありません。彼らは最初，子ども・保護者とのコンフリクトや特徴的な学校文化にとまどい葛藤を抱えます（葛藤フェーズ）。その後，同僚の教育実践や子どもの家庭状況の観察を通じてみずからの教育実践を振り返り，再構築します（省察フェーズ）。そして勤務校の学校環境に適応し，困難のなかでもやりがいを見出していくというわけです（コミットメントフェーズ）。

▷ **教育改革と教員文化**　　しかし，そうした「しんどい学校」の教員たちが，その地域の政治状況のなかで思わぬ逆風にさらされるケースもあります。例えば大阪市の教員は，2010年代の教育改革のなかで，トップダウン的な教員管理の強化，成果・競争主義の強化，政治主導の施策による実践上の裁量低下などを経験しました。「しんどい学校」の教員たちは，改革が要請する「競う教員」像を巧みに退け困難に対処しようとする一方で，そうした改革による変化に深い葛藤を抱えることにもなったといいます。

┄┄┄┄┄┄┄┄┄┄┄┄┄┄┄┄┄┄┄┄┄┄┄┄┄┄┄┄┄┄
☞ **文献にチャレンジ**
中村瑛仁（2019）『〈しんどい学校〉の教員文化 —— 社会的マイノリティの子どもと向き合う教員の仕事・アイデンティティ・キャリア』大阪大学出版会
┄┄┄┄┄┄┄┄┄┄┄┄┄┄┄┄┄┄┄┄┄┄┄┄┄┄┄┄┄┄

3 人口減少社会と学校の挑戦

講義 人口減少というリスク

▷ **人口の過去・現在・未来**　図11-1は，過去1000年余りの日本の総人口の推移と今後100年のそれを，推計を交えて示したものである。江戸時代後半から明治維新まで3000万程度で推移した日本社会は，明治以降急激な人口増加を経験した。だがその人口増加は2000年代にピークを迎え，現在は減少局面にある。推計によれば，2023年現在約1億2400万である日本の総人口は，2050年には1億程度まで減少する見込みであるという。

背景には，**少子化**がある。1人の女性が生涯に産むと見込まれる子の数を示す合計特殊出生率は，2000年以降1.26〜1.45で推移し

図11-1 日本の総人口の推移

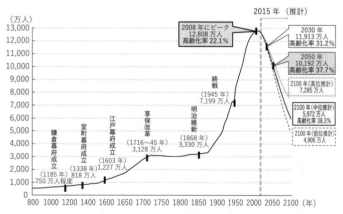

（出所）　国土交通省「国土の長期展望」最終とりまとめ参考資料，2021より作成。

ている（厚生労働省「出生に関する統計の概況」2021年）。これは日本
が人口を維持できる「人口置換水準」を大きく下回っている。

▷ **地方（地域）の危機**　　また，地方においては，人口減少率が
高いところほど高齢化率（人口に占める65歳以上割合）も高いという。
高齢者が多ければ死亡が発生しやすいということもあるが，基盤産
業の衰退による人口流出が，人口減少と高齢化をもたらしたと考え
られる（宮﨑 2021）。死亡数が出生数を上回っていても（人口の自然
減），都市部ならば人口は流入（人口の社会増）によって維持される
が，都市部に人を送り出す地方（地域）の側はますます衰退してい
くことになる。人口減少の波は，余力のない地方の町や村から順に，
日本社会を掘り崩していく。

▷ **地域の衰退と学校**　　ところで，人口減少で衰退する地域と学
校には，どのような関係があるだろうか。兵庫県の有名な教育実践
家東井義雄（1912-91）は，学校が，村を捨て都会で暮らすための学
力（「村を捨てる学力」）をつける場になっていると喝破した。確かに，
学校で形成された学力（資質・能力）や獲得した学歴が，高偏差値
の高校・大学への進学，そして都市部でより条件のよい仕事に就く
ことを後押しするのは間違いない。しかしそうかといって，学校を
なくせば人口流出がとまるわけでもない。むしろ逆である。国立教
育政策研究所（2014）による国内の中山間地域（山間農業地域および
中間農業地域）を対象とした分析では，高校への通学が困難なこと
はその集落の人口維持にマイナスにはたらく。また別の分析では，
小学校までの道路距離が集落の消滅に影響をもつことも示された。

　人口減少を背景として，教育条件の向上のために学校の統廃合を
進める地域も多く，そうした動きをとめるのは容易ではない。しか
し，急激な人口減少が進み消滅の危機にある地域の側からみれば，
地域に学校が存続することは，そうした危機的状況に歯どめをかけ
るためのきわめて重要な要素となっている。

高校改革で地域づくり？

> 　地域の高校を維持する，むしろ，地元高校を地域密着の魅力的な学校に改革することで，地域を活性化する――そんなプロジェクトに挑戦している地域が，実は国内にいくつもあります。いったいどのような試みなのでしょうか。

▷ **高校魅力化プロジェクト**　　舞台は島根県です。同県では 2011 年より，「**高校魅力化事業**」（正式名称「離島・中山間地域の高校魅力化・活性化事業」）を開始し，成果を上げています。従来の受験学力向上をめざす教育方針を大きく転換し，それぞれの高校で，「地域の特色を活かした教育」や，県外生への国内留学のよびかけなど，精力的な施策が展開されています。

▷ **「地 域 学」**　　この事業のパイオニアといわれる隠岐島前高校は，3 つの島からなる隠岐島前地域で唯一の高校で，「**地域学**」という独自のカリキュラムがあります。生徒たちは，教室での学習に加え，地元の人々の協力を得て視察や体験活動を重ね，地域の魅力や課題を学びます。また課題の解決策を考え，その一部を実践します。例えば，地域観光プランや地域ビジネスプランの作成，地域政策の立案，地元商品の企画などです。

▷ **「だんだんカンパニー」**　　島根県東部の中山間地域に位置する奥出雲町の横田高校における，地域の特色を活かした学習活動には，奥出雲学，地域課題研究，さらに「だんだんカンパニー」（「ありがとう」の意味である「だんだん」を冠した仮想会社）があります。生徒たちは「社員」として，特産の仁多米やブルーベリージャムの生産・販売を行います。市場調査やパッケージデザイン，広告宣伝も行います。その過程を通して，地域資源を活用すること，地域資源がもつ価値や可能性を知ることができるのだといいます。

▷「**サクラマス・ドリーム・プログラム**」　　最後に，島根県西部
吉賀町の吉賀高校です。同校のサクラマス・ドリーム・プログラム
は，「社会の中で自分の役割を果たしながら，自分らしい生き方を
実現する力をつけるためのキャリア教育」です。2017 年度は，東
京の大学生と協働し，地域資源の活用について研究しました。写真
屋班は，東京の商店街を訪問して，吉賀町の写真店の存続について
考えました。林業班は，都内の材木商を訪問して聞き取り調査を行
い，わさび班は，わさびスイーツ開発のためにパティシエを訪ねま
した。高校生たちは吉賀町で学び，そして東京で学び，両者をそれ
ぞれ相対化しながら地元の価値を考えました（樋田・樋田 2018）。

▷　**地域を救う「地域内よそ者」**　　サクラマスは，ヤマメが降海
してたくましく育ったあと遡上してきたものです。離島・中山間地
域の高校生は，地元に進学・就職先が少ないため高校卒業後に地域
外に出ることが多いのですが，都会でさまざまな経験をしてサクラ
マスのように U ターンしてきた若者は，「地域内よそ者」として，
地域で起業して雇用を生み出すなど，貴重な人材になります。そう
した人材は地域にとって，まさに未来への希望なのです。

　もちろん，生徒たちが地域を出ていくことを，他人がとめること
はできません。しかし実際のところ，いったん進学や就職で故郷を
離れても，いつかは地元に戻りたいという若者は決して少なくあり
ません。地域で生まれ，地域で学び育ち，一度は広い世界を経験し
て，また地域に戻って働き，次世代を育てる――そんな好循環を準
備しうる教育があるとしたら，それは人口減少社会日本の来るべき
教育モデルといえるかもしれません。

☞　**文献にチャレンジ**
樋田大二郎・樋田有一郎（2018）『人口減少社会と高校魅力化プロ
　　ジェクト――地域人材育成の教育社会学』明石書店

Report assignment レポート課題

本章の内容を振り返って，下記の2つについてそれぞれ200字程度でまとめてみましょう。

① 地域社会の危機は，学校にどう影響してくるか。

② 地域社会のために学校ができることはなにか。

Further readings 次に読んでほしい本

阿部彩（2014）『子どもの貧困Ⅱ──解決策を考える』岩波書店

末冨芳・桜井啓太（2021）『子育て罰──「親子に冷たい日本」を変えるには』光文社

鈴木庸裕（2021）『学校福祉論入門──多職種協働の新時代を切り開く』学事出版

原俊彦（2023）『サピエンス減少──縮減する未来の課題を探る』岩波書店

広井良典（2019）『人口減少社会のデザイン』東洋経済新報社

山根俊喜・武田信吾・今井典夫・藤井正・筒井一伸編（2022）『学びが地域を創る──ふつうの普通科高校の地域協働物語』学事出版

Book/Cinema guide 読書・映画案内

重松清（2015）『希望の地図──3.11から始まる物語』幻冬舎

▶重松清が東日本大震災の被災地をめぐり紡いだドキュメントノベル。不登校になった少年光司は，フリーライターの田村に連れられ，被災地をめぐります。絶望せずに前を向く被災地の人々と出会い，光司は少しずつ変わっていきます。「子どもたちの未来をつくるには，空洞化の年月があってはいけないんです」（本文より）

ジェンダーと
セクシュアリティを
教育学する

Quiz クイズ

2020 年 12 月に電通ダイバーシティ・ラボがインターネットで行った「LGBTQ+ 調査 2020」では、全国の 20〜59 歳 6240 人のうち、8.9％ がセクシュアル・マイノリティでした（本調査では、異性愛者であり、生まれたときに割り当てられた性と本人が認識する性が一致する人をストレート層とよび、ストレート層以外を「LGBTQ+層」としています➡3 節）。

さて、この調査では、勤め先や家庭、地域など社会全般において、自分の人権が守られていると感じる人の割合が示されています。ストレート層と LGBTQ+ 層とで、どれくらい差があるでしょうか（2020 年調査）。

（出所） https://www.dentsu.co.jp/news/release/pdf-cms/2021023-0408.pdf

a. ほとんど変わらない **b.** 約 10 ポイント
c. 約 20 ポイント **d.** 約 30 ポイント

★本章の学習をサポートするウェブ資料は、右の QR コードよりご覧いただけます。

Answer クイズの答え

c. 約 20 ポイント

　ストレート層では，73.4 % が「自分の人権が守られていると感じる」と回答しましたが，LGBTQ ＋層全体では 54.8 % に留まり，その差は 18.6 ポイントです。他方，パートナーシップ制度のある自治体に住んでいる LGBTQ ＋層では 59.8 % であり，その差は 13.6 ポイントです。自治体の動きが人権保護や地域の意識改善に対して，一定の後押しをしていると同時に，セクシュアリティによって，人権が十分に保障されていないケースもあります。

Chapter structure　本章の構成／関連する章

［関連する章］

| 　 | 第 4 章 学校という難問 | 第 5 章 日本における近代学校のはじまり | 第 6 章 大衆化する教育 |

1　ジェンダーを教育学する
Keywords
ジェンダー／フェミニズム／社会的・文化的性差／セクシュアリティ

2　性のタブーを乗り越える
Keywords
性教育／人権／包括的セクシュアリティ教育／はどめ規定

3　多様性を尊重する社会へ
Keywords
多様性／ケア／マイノリティ／生きづらさ

第 3 章 子どもが育つということ

Goals　本章の到達目標

1. ジェンダーとセクシュアリティの視点が明らかにした教育の諸課題を知る
2. 自分や子どもたちの生活と関連づけて，多様な性の尊重について考えることができる

Introduction 導入

教育は男女平等になっているのか

キヌガワ先生　チアキ　アオイ

短大の教室のスクリーン。保育原理の授業冒頭で，キヌガワ先生がグラフを映し出した。

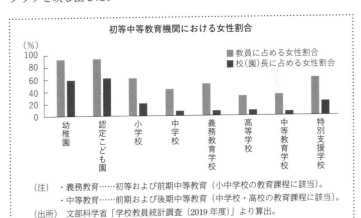

初等中等教育機関における女性割合

（注）　・義務教育……初等および前期中等教育（小中学校の教育課程に該当）。
　　　　・中等教育……前期および後期中等教育（中学校・高校の教育課程に該当）。
（出所）　文部科学省「学校教員統計調査（2019年度）」より算出。

 キヌガワ先生「これは，教育機関で働く女性の割合を示すグラフです。どんな特徴が読み取れるかな？」

 チアキ「幼稚園とこども園の先生には，女性が多い！」

 アオイ「学校段階が上がると，女性の先生の数が減っていってる」

 チアキ「園長先生は女性が多いけど，校長先生は少ない」

 キヌガワ先生「なかなか鋭いね。今日は，なぜ女性の先生，とくに管理職が少ないのか，みんなに考えてもらいたいんだ」

・女性教員よりも男性教員のほうが，優秀な人が多いから？

・教員の職場環境や組織文化が，男性の管理職向きだから？

・男性教員のほうが管理職に選ばれやすいような基準があるから？

ジェンダーやセクシュアリティの視点から教育学をみると？

1 ジェンダーを教育学する

講義 ジェンダーの歴史が明らかにしたこと

　さまざまな人との関わりのうえに成り立つ社会をふまえて教育を考えるうえで，欠かせない視点の1つである**ジェンダー**について，歴史を概観することからはじめたい。

　ジェンダーという単語は，もともとは文法用語での「性」を表していたが，**フェミニズム**の女性解放運動のなかで，**社会的・文化的性差**という意味が付加され，近年では，生物学的な性をはじめ，多様な性そのものをさす言葉として用いられるようになっている。

　フェミニズムの定義はさまざまだが，「性差別や女性への抑圧に抵抗し，女性の地位向上に努めるあらゆる運動や実践を含んだ言葉」であり，「社会的，政治的，経済的に両性は平等であるべきだとする考え方」などをさす。アメリカの女性参政権を求める1860年代から1920年までの運動や，日本においては，はじめての女性団体「東京基督教婦人矯風会」が誕生した1886（明治19）年からの，政治や司法，経済，高等教育等の諸制度で制限された女性の権利獲得を求める運動が，その「第1波」とされる。

　その後，1960年代後半からの「第2波」では，家父長制からの女性解放に焦点が移った。当時の性規範や性別役割分業などの「個人的」と思われがちな事柄が「政治的」に決められ押しつけられたことであるとして声を上げた**ウーマン・リブ**（women's liberation）運動が知られている。第2波フェミニズムは，男女の性差が生物学的な特性のみを理由として考えられていることに疑問を投げかけた。女性にいわゆる「母性本能」があり子育てや家事に向いているとか，

男性は女性よりも強く優れているとか，生物学的に基礎づけられ「自然」とみなされてきたことが実は，文法用語としての「性」のように，本質をあらわすものというより歴史的・社会的につくられたものに過ぎないのではないか，と。こうして，「社会的・文化的な性差」としてのジェンダーという用語法が広まっていき，政府や地方自治体の政策用語としても使われるようになった。

続く1990年代から2000年代初頭までの間には，第2波の限界を認めつつ，男女の平等に限らず，人種や**セクシュアリティ**など多様な要素の**インターセクショナリティ（交差性）**を重視する「第3波」の盛り上がりがあった。70年代からの，世界女性会議（1975年）や女性（女子）差別撤廃条約の採択（1979年）などの国際的な流れと呼応しながら，国内でも男女雇用機会均等法（1972年）や男女共同参画社会基本法（1999年），DV防止法（2001年）の制定や，教育面で家庭科の男女共修化などが進められていった。

他方で，性別役割にとらわれずその人らしく生きることを意味する**ジェンダー・フリー**という概念が，男女の区別をなくし画一的に中性化をめざすものと誤解されバッシングが起きた（**ジェンダー・バックラッシュ**）。政策用語としての使用が止められたり，ジェンダー関連の図書が公共図書館から撤去されるという事態に発展した時期もあった。

また，第2波フェミニズムのなかで生まれた**女性学**では，これまでの学問研究と知のあり方が男性の視点に偏っていたことや，ジェンダーの視点から問い直す必要性が指摘された。このことから，教育学や心理学，社会学，政治学など多くの学問領域においてもジェンダーの視点を生かした研究が盛んになり，男性の生き方を問い直し男性の解放をめざす**男性学**も生まれた。さらに，同時期に盛り上がりをみせた同性愛者解放運動のなかからは，**ゲイ・レズビアン・スタディーズ**が生まれ，異性愛と性別二分法を「ノーマル」とみなす思考を問い直す**クィア理論**へと発展していった（⇒3節）。

「男らしさ」「女らしさ」って？

> これまでの生活のなかで「男らしい」「女らしい」といわれたことはありませんか。人によっては，なんとなくわかるような気がしたり，なんとなく違和感を抱いたりしたかもしれません。男らしく／女らしくあれというメッセージは，人間関係のなかで，相手にどんなことを期待している（伝えている）のでしょうか。

> 「おとうさんに／『オトコなんだから／メソメソなくな！』って／いわれちゃった／ぼくが　オンナノコ／だったら　いいの？」
> 「おじいちゃんが　いつも／『オンナノコだから／そんなに　べんきょう／がんばらなくて　いいよ』っていうの　どうして？」
> 「おしょうがつに／おじいちゃんの　いえに／あつまると　オンナのひと／ばかり　はたらいてるの／どうして？」
> 「テレビに　うつる／『えらいひと』って／オトコのひとばかり／だよね／なんで？　わたしは／えらく　なれないの？」
>
> （シオリーヌ 2021）

　男の子は，活発でリーダー的でなければならない。女の子は，出しゃばらず他人のサポートに徹して，優しくあるべき。そうでなければ，男らしくない，女らしくないとみなすという考え方に，疑問を抱く人は少なくないでしょう。こうした固定化されたジェンダー観は，人々を個人としてみるよりも，「女／男」というカテゴリーに当てはめて理解することを優先させがちになります。

　男女で異なるジェンダー役割や規範は，自然で当たり前のことだと考えられていた時期もありました。例えば，近代学校教育制度の成立時，就学児童・生徒数は，男女で大きな差がありました（➡5章）。女子に比べ男子の在籍が多かったことは，当時は女子に教育が必要ないと考えられていたことのあらわれといえます。しかし近年では，性差による役割や規範を押しつけることは適切でないとい

う考え方が一般的になっていますし，男女平等（男女同権），性にとらわれない役割や規範を実質的に推進するための諸制度（**ポジティブ・アクション**：性別等を基準に，一定の数・割合をマイノリティ側に割り当てる「クオータ制」など）も各国で施行され，世界では女性のリーダーが活躍する国もあります。これらの変化から，以前に比べて性差による不利益は少なくなったと推察できます。

　ただし，実態としての「男女平等」が保障されているとまではいえません。例えば，「女子力」という言葉の流行には，性にもとづいた社会（人々）の期待が込められています。また，未成年の子をもつ親世代の意見を調査した『**男女共同参画白書**』（内閣府 2019）によると，「男の子は男らしく，女の子は女らしく育てるべき」と考える女性（母親）と男性（父親）の割合は，1994 年には 72.3％ と84.9％ で，2014 年には 40.4％ と 64.1％ となっています。どちらも減少傾向にありますが，一定の支持があることがわかります。

　こうした状況から第 1 に懸念されるのは，「男らしさ」「女らしさ」というカテゴリーに当てはめることによって，子ども個人の考えやふるまいが性にとらわれてしまうことです。「らしさ」を求められることは，ときに子どもの個性や自由を抑圧し，子ども自身を生きづらくさせてしまうかもしれません。

　第 2 に懸念されるのは，性の多様な側面を見落としてしまい，**生物学的な性**（セックス）を基盤とする，2 つしかないカテゴリーとして，性を**二分法的**に解する恐れがあることです。このことによって，2 つのカテゴリーのいずれにも当てはまらない人々が，無意識のうちに排除されることにもなってしまいます。（➡3 節）

☞ **文献にチャレンジ**

シオリーヌ（大貫詩織）著／松岡宗嗣監修／村田エリー絵（2021）
　『こどもジェンダー』ワニブックス

2 性のタブーを乗り越える

講義 性を知ること，性を考えること

　性教育において，どこからどこまでの範囲を扱うのか，どの学校段階で扱うのか，具体的なイメージを描くことができるだろうか。

▷ **基本的人権と性教育**　「性と生殖の健康と権利」を表す，**セクシュアル・リプロダクティブ・ヘルス／ライツ**（sexual and reproductive health and rights；SRHR）という概念がある。「性と生殖の健康とは，身体，感情，精神，社会的な幸福がセクシュアリティと生殖のすべての局面で実現できていること」をさす。また，すべての個人は，「自分の身体に関する決断を自ら下す権利」と「その権利を実現するために必要なサービスを受ける権利」をもつとされる。基本的人権としての SRHR 実現に向けた取り組みのなかに**「包括的セクシュアリティ教育」**（comprehensive sexuality education；CSE）が位置づけられている（田代 2021）。CSE とは，「セクシュアリティの認知的，感情的，身体的，社会的諸側面についての，カリキュラムをベースにした教育と学習のプロセス」（ユネスコ 2020）であり，子どもや若者たちの健康とウェルビーイング，尊厳を実現するためのエンパワーメントを目的とする。国連教育科学文化機関（UNESCO）の 2018 年の**『国際セクシュアリティ教育ガイダンス 改訂版』**（International Technical Guidance on Sexuality Education, 初版 2009 年，以下「ガイダンス」）では，CSE の理念と全体像が示されている。

　セクシュアリティの多様性に焦点を当てた性教育は，すべての人々を尊重する人権教育である。CSE は，セクシュアリティの諸側面（8 つのキーコンセプト）について幼少期から継続的に学習を積

み上げていくスパイラル型カリキュラムである。年齢段階に応じた学習目標によって，子どもたちの発達や関心に応じて学習を進めていくことができる。

▷ **乳幼児期からの性教育**　表 12-1 のキーコンセプトに示されるように，性教育は体のしくみだけでなく，**人間関係**や**人権**，**ジェンダー**，健康など，広範な内容を含む。UNESCO の「ガイダンス」は，国際的な科学的根拠や実践にもとづいて CSE を開発し実践するための指針を示しているが，それぞれの国の状況の多様性を認めている。例えば，性教育の範疇にあるとされる「人間関係」は，日本では**保育の 5 領域**の 1 つとして，幼稚園教育要領等にも登場する。

乳幼児期の子どもが自分と友だち（他者）の存在を意識し，さまざまなものに関心を寄せていくなかで，体のことも知りたがるのは自然なことである。子どもが，人間関係のなかで自分と友だちを大切にしていくためにも，自分の体が大切に扱われ，自分（たち）の体の仕組みや身体感覚としてのここちよさ，プライバシーを理解していくことは欠かせない。人間の体や心とともに，他者や社会とのつながりについて学ぶことは，**セルフケア**や人間らしく生きることへと引き継がれる。そんな乳幼児期からの性教育でとくに留意すべき点には，性を含めさまざまな悩みなどを話せるような関係性の基礎を構築していくことがあげられる。

表 12-1 包括的セクシュアリティ教育のキーコンセプト ―――

	キーコンセプト
1	人間関係
2	価値観，人権，文化，セクシュアリティ
3	ジェンダーの理解
4	暴力と安全確保
5	健康とウェルビーイング（幸福）のためのスキル
6	人間のからだと発達
7	セクシュアリティと性的行動
8	性と生殖に関する健康

　みなさんの被教育経験を振り返ってみてください。学校や園で，性教育を受けた記憶はあるでしょうか。あるとしたら，それはどのようなものだったでしょうか。

▷ **科学的知識の欠如（不足）**　　日本で性教育というと，性器教育などと矮小化されて受け取られがちで，2000年代初頭のバックラッシュの影響が続いていることもあり，多くの学校では限定的な実施であることが現状です。日本の性教育の遅れは，2019年の**国連子ども（児童）の権利委員会からの勧告**でも，「思春期の女子および男子を対象とした性と生殖に関する教育が学校の必修カリキュラムの一部として一貫して実施されることを確保すること」が課題であると指摘されています。

　学習指導要領およびその解説編では，学習内容に制限をかけるようないわゆる「**はどめ規定**」があり，子どもたちは，性に関する科学的な知識を得る機会から遠ざかっています。例えば，小学校第5学年の理科でメダカや動物，人の誕生について学習する際に，「人の受精に至る過程（性交）は取り扱わない」とされたり，中学校第1学年の保健体育で「妊娠の過程は取り扱わない」とされたりしています。ほかにも，小学校第3,4学年の体育（保健）で「思春期になると異性への関心が芽生える」，中学校の保健体育で「身体の機能の成熟とともに異性への関心が高まったりする」など，**異性愛主義**に偏った記述も残っています（➡3節）。

　他の領域・教科などでは発展的な内容を学ぶことが推奨されているのに，性については推奨されない，むしろ避けられているのはなぜなのでしょうか（「寝た子を起こすな」➡**問い②**）。さらに，性につ

いての学習が、実生活や知識体系などの社会的・歴史的文脈から切り離されて、限定的な内容にとどまっているのはなぜでしょうか。

▷ **子ども自身が考える性教育実践**　性に関する科学的知識を「知る」ことはもちろん重要です。しかし、だからといって教え込みに終始するのでは不十分です。子ども自身が学ぶ動機をもって、自らの問いを立ち上げ考えていくことを大切にした実践例として、東京のある私立高校第1学年の総合的な学習の時間（総合）から、「人間の性と生」の実践を紹介します（谷村 2022）。

　授業者である谷村久美子さんは、性について「学ぶ必要性を生徒自身が実感できて、自然に気軽に、性を話し合える関係をつくることができれば、困ったことや悩むことがあった時、自分で調べ、相談できるだろう」という考えにもとづき、保健体育科での授業と連携しながら、扱うテーマを「性的同意」「性交」「性器」に絞って、授業を展開します。性的同意の授業では、雑誌の悩み相談への回答を生徒が考え、性交に同意するかしないかを決めるうえで考えるべきことについて意見を交換します。続く性交の授業では、世界の若者のセックス（性行為）観を調査・分析した映像番組を視聴し、生徒同士の感想を読みあいながら、性交のイメージを出しあい、ポジティブな面やネガティブな面など、さまざまな側面を確認します。それらをもとに、性的なふれあいや性器・身体について学びを深め、生徒自身が、仲間の出す疑問・質問に応答しながら考えていきます。

　子ども自身のリアルな現実に即した学びは、知的好奇心を刺激し、生活における**人権感覚**を養うと同時に、**リスク回避**にもつながるものとして、さまざまな学校段階で試みられています。

☞ **文献にチャレンジ**
"人間と性"教育研究協議会（2022）『季刊セクシュアリティ』（特集 性教育実践 2022）105 号、エイデル研究所

問い②　**性の知識があることはリスクなの？**

> 性に関する知識を得ることは性交渉の時期を早めてしまう，いわ
> ゆる「寝た子を起こす」ことになるという考え方があります。性に
> ついて知ることや議論することは，リスクなのでしょうか。

　わたしたちの日常には，テレビやインターネット上の宣伝やアニ
メ，ドラマ，漫画などで，性に関する情報が溢れています。児童ポ
ルノや買春等の規制も追いつかない実態のなかで，子どもたちが性
被害・性暴力に巻き込まれるリスクも高まっているといえます。性
暴力（sexual assault）とは，「**からだと性の自己決定権の侵害**」をさ
し，望まない妊娠や性感染症の罹患，レイプ，デート DV，セク
シュアル・ハラスメントやさまざまな性の商品化などが含まれます。
　まさにこのような事態への危機感から，文部科学省による「**生命
（いのち）の安全教育**」（「性犯罪に遭わないための生命（いのち）の安全
教育について」2021 年 10 月 27 日）は提唱されるに至りました。
▷「**生命（いのち）の安全教育**」**の課題**　「生命（いのち）の安全
教育」では，幼児期から小学校低学年にかけて，「水着で隠れる部
分」（**プライベート・ゾーン**）を他人に見せない，触らせない，もし
触られたら大人に言うことなどを指導します。小学校高学年・中学
校では，SNS 等を介した知人と会うことの危険や被害に遭った場
合の対応について，中学校・高校では，デート DV などの性被害に
遭った場合の相談先について扱います。高校・大学では，レイプド
ラッグ，酩酊状態に乗じた性的行為等の問題や相談窓口の周知の取
り組みが推進されています。
　しかし，この教材でも，性的な行為に関する具体的な説明は十分
ではありません。その背景には，いわゆる「**寝た子を起こす**」こと

は避けたいとする考え方があります。結果として，子どもたちは，「からだの権利」や「何が性的な行為なのか」を十分に理解できないまま，性のネガティブな面ばかりを知り，性暴力から身を守ることを「心がけ」なければならない（落ち度があるから被害者になる）と思い込まされてしまいかねないのです。

◻▷ **子どもたちがオープンに議論できるようになると……**　　オランダでは，2012 年に，特別支援学校を含む，すべての初等教育・中等教育前期（4～15 歳）で性教育が義務づけられました。扱われるのは，①セクシュアリティやジェンダー役割意識にもとづく教育と，**②マイノリティの人権**を尊重する〈性の多様性〉教育です（①は義務化される前から実施）。②は，必要性についての議論を経て，初等教育・中等教育前期それぞれの中核目標に「セクシュアリティや，性の多様性に対して尊重の念をもってかかわることを学ぶ」と記されることになりました。性のあり方を学ぶことは，人間関係を学ぶことであると明示されたのです。

　とりわけ興味深いのは，「寝た子を起こす」という主張とは逆に，科学的な知識や根拠にもとづいた性教育によって，性体験の開始年齢が遅くなり，望まない妊娠が減ることなどが実証されたことです。世界保健機関（WHO）ヨーロッパ支部による，11～15 歳の子どもを対象とした調査（2013・14 年実施，2016 年報告）では，オランダは 15 歳の性交渉経験率が，40 カ国（地域）中 36 位。避妊手段の使用は，コンドーム 11 位，ピル 3 位。避妊の知識が豊富で，避妊具を比較的容易に入手できる環境も，子どもたちのリスク回避に役立っていることがうかがえます。

☞ **文献にチャレンジ**
リヒテルズ直子（2018）『0 歳からはじまるオランダの性教育』日本評論社

3 多様性を尊重する社会へ

講義 セクシュアリティの多様性

　性（**セクシュアリティ**）には，いくつかの側面がある。最もイメージしやすいのは，「**身体的・生物学的な性**」だろう。他には，「**性自認**」（ジェンダーアイデンティティー）や「**性的指向**」，「**性表現**」といった側面がある（表12-2）。これらの組み合わせで，セクシュアリティの多様性を，おおまかに整理してみる。身体的性別と性自認が一致しない場合を**トランスジェンダー**，対概念として，一致する場合を**シスジェンダー**という。また，性自認に対する性的指向の違いで，**同性愛**（ホモセクシュアル。レズビアンとゲイが含まれる），**両性愛**（バイセクシュアル），**異性愛**（ヘテロセクシュアル），どの性にも向かない**無性愛**（アセクシュアル）等に分けられる。

　セクシュアリティの多様性が語られるとき，よく使われる用語に，**LGBTQ＋**や**SOGI**（ソジまたはソギ）がある。LGBTQ＋は，非「シスジェンダー・ヘテロセクシュアル」であるセクシュアル・マイノリティの総称とされる。LGBT（レズビアン・ゲイ・バイセクシュアル・トランスジェンダーの頭文字）をより包括的にとらえるため，Queer（**クィア**）や Questioning を加えた表記である。ここに，上記のどのセクシュアリティにも当てはまらない人を表す＋を加える。他方，SOGI は，sexual orientation（性的指向）と gender identity（性自認）をさし，そこに gender expression（性表現）や sex characteristics（身体的性別）を加えて SOGIE や SOGIESC などとされることもあり，セクシュアリティにかかわらず，マイノリティおよびマジョリティをも包括する表現として用いられる。この言葉は，

表 12-2 セクシュアリティの多様性をめぐる用語

身体的性別	セックス	体の特徴による性別
性自認	ジェンダーアイデンティティー	自分を女（男）として認識するこころの性
性的指向	セクシュアル・オリエンテーション	好きになる（性的欲望を抱く）相手の性別
性表現	ジェンダー・エクスプレッション	自身のジェンダーの社会への表現（しぐさや髪形，服装など）

身体的性別と性自認が……

一致しない場合	トランスジェンダー［T］，性別違和，性同一性障害
一致する場合	シスジェンダー

性自認に対して，性的指向が……

同性に向く場合	ホモセクシュアル	同性愛（レズビアン［L］，ゲイ［G］）
両性に向く場合	バイセクシュアル［B］	両性愛
異性に向く場合	ヘテロセクシュアル	異性愛
どの性にも向かない場合	アセクシュアル	無性愛

セクシュアリティの個人差がグラデーションであり，「100 人いれば 100 通りの性がある」ということを含意する。

　ジェンダーの視点によって，男性を基準とした制度や慣習が当然視されていたように，セクシュアリティの視点によって，シスジェンダー・ヘテロセクシュアルを基準とした社会制度・慣習も当然視されていたことが顕示された。性差別に関わる運動の歴史は，それらの課題を指摘し，改善にも貢献してきたといえる。

問い **個人や家族が多様ってどういうこと？**

> 　性のあり方に限らず，それ以外の側面でも，個人は一人ひとり異なっています。さらに，そうした個人によって構成される家族もまた，それぞれのあり方は異なっています。多様な個人や家族を尊重するにあたって，わたしたちにはどのような課題があるのでしょうか。

　学校を含め現実の社会では，**多様性**への想像力が不十分である場合が少なくありません。これは，人々の想像が及ばない「特殊な」個人や家族の問題ではなく，**社会構造**の問題です。人々の想像力を乏しくさせている要因に，さまざまな**慣習や規範**，信念など，社会のなかで強固に共有されているものがあるのです。

　例えば，家族規範。家族とは，異性愛のカップルが結婚（法的な婚姻関係）・出産した子どもとともに幸せに暮らしているものだ。互いを大切に思いあい，非常時には必ず助けあう「絆」で強く結ばれているのだ，というふうに。こうした「理想的」な家族を制度によって保障する仕組みといえるのが，結婚（法律婚）です。法律婚には，各種税金の控除といった制度などがあり，それそのものが社会的な承認を意味することもあります。近年，同性パートナーシップ証明書を発行できる自治体は増えていますが，法律婚と同等の権利を有するわけではないことには，留意する必要があります。

　結婚に限らず，非婚・未婚・離婚・再婚などは，本来個人が自由に選択できるはずです。しかし，セーフティネットが極めて貧弱な現状で個人の自由が理想として語られることで，個人の自由な選択はいっそう困難になり，結果の責任ばかりが強調されます。恋愛をしない人や異性愛者ではない人，法律婚を選択しない人，子どものいない人などを，いつのまにか排除し，差別することにつながりか

ねません。

▷**「最小の結婚」という構想**　　アメリカの倫理学者 E. ブレイク
は，結婚をめぐる法と道徳に関する精緻な考察によって，結婚の脱
道徳化と結婚の民主化を企図しています。

　フェミニズムに関する議論では，伝統的な結婚制度が，自由な個
人間の関係を束縛し，婚姻関係にある妻の人権をはじめとするさま
ざまな法的権利を侵害していたことが明らかになっています。彼女
は，こうした批判に拠りつつ，現行の婚姻法は，配偶者に望まない
法的義務を負わせて，パートナーの選択を制限し，いくつかの権利
や許認可を独占していると指摘しました。例えば「互いの健康や障
がい，生命保険，年金プランに関わること」「不動産や個人資産の
共同所有，互いの債権者から自分たちの結婚の財産を守るための財
産管理」「配偶者が遺言なしに死亡した際にも自動的に遺産を受け
取れる」等の，結婚に伴う諸権利について，当事者たちの実態や希
望に合わせて，自由に取り決めできる契約の可能性――「最小の結
婚」を提唱したのです（ブレイク 2019）。

　ブレイクの議論は北米の文脈ですが，生物の特性としての依存関
係を基礎において，**ケアする／される**ことを含み込んで個人の生が
あるというケアの議論とも重なって，互恵的な人間関係が，社会
的・制度的な保障によって豊かになる可能性を示唆しているのです。

　多様性を尊重するというメッセージには，**マイノリティの生きづ
らさ**をどのように解消していくかという課題が伴います。このよう
な社会の課題に目を向けておくことは，社会の一員として，また，
広く教育に関わるうえでも非常に重要です。

☞ **文献にチャレンジ**
ブレイク，E.／久保田裕之監訳（2019）『最小の結婚 —— 結婚をめ
　ぐる法と道徳』白澤社

Report assignment レポート課題

本章の内容を振り返って，下記についてそれぞれ 200 字程度でまとめてみましょう。

① ジェンダーとセクシュアリティの視点によって，どのようなことが明らかになったか。

② 多様性の尊重を保障する社会の構築に対して，教育はどのような責任を負っていると考えられるか。

Further readings 次に読んでほしい本

浅井春夫・安達倭雅子・北山ひと美・中野久恵・星野恵編／勝部真規子絵（2014）『あっ！そうなんだ！性と生——幼児・小学生そしておとなへ』エイデル研究所

キム・ジヘ／尹怡景訳（2021）『差別はたいてい悪意のない人がする——見えない排除に気づくための 10 章』大月書店

ギリガン，J.／佐藤和夫訳（2011）『男が暴力をふるうのはなぜか——そのメカニズムと予防』大月書店

ノディングス，N.・ブルックス，L.／山辺恵理子監訳／木下慎・田中智輝・村松灯訳（2022）『批判的思考と道徳性を育む教室——「論争問題」がひらく共生への対話』学文社

ブレイディみかこ（2019）『僕はイエローでホワイトで，ちょっとブルー』新潮社

Book/Cinema guide 読書・映画案内

『ストレンジ・ワールド／もうひとつの世界』（ドン・ホール監督，2022 年，ウォルト・ディズニー・アニメーション・スタジオ）

▶豊かな国アヴァロニアで，エネルギー源である植物が絶滅の危機に瀕し，冒険家の父にコンプレックスを抱く冒険嫌いの農夫サーチャーが，愛する家族とともに地底の "もうひとつの世界" へと歩み出します。

この映画にはプリンセスが登場せず，性の多様性が描かれたシーンもあります。エネルギー問題や「家族の絆」をとりあげた本作をめぐって，議論が巻き起こっています。

テクノロジーを
教育学する

Quiz クイズ

2018年のOECD「生徒の学習到達度調査」（PISA→10章）の調査結果によれば，日本の学校に通う子どもたちは，教室の授業で，あることをする時間（ア）が，OECD加盟国の平均に比べて少ないことがわかりました。さて，それはなんの時間でしょうか。

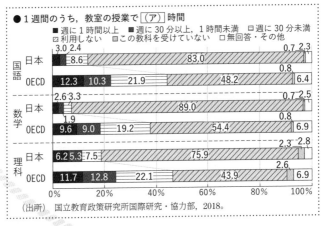

● 1週間のうち，教室の授業で （ア） 時間

■ 週に1時間以上 ■ 週に30分以上，1時間未満 ▨ 週に30分未満
▨ 利用しない ▨ この教科を受けていない □ 無回答・その他

		週に1時間以上	週に30分以上1時間未満	週に30分未満	利用しない	この教科を受けていない	無回答・その他
国語	日本	3.0	2.4	8.6	83.0	0.7	2.3
	OECD	12.3	10.3	21.9	48.2	0.8	6.4
数学	日本	2.6	3.3		89.0	0.7	2.5
	OECD	9.6	1.9	9.0	19.2	54.4	0.8	6.9
理科	日本	6.2	5.3	7.5	75.9	2.3	2.8
	OECD	11.7	12.8	22.1	43.9	2.6	6.9

0%　　20%　　40%　　60%　　80%　　100%

（出所）国立教育政策研究所国際研究・協力部，2018。

a. 教室の授業で教科書を読む
b. 教室の授業でデジタル機器を利用する
c. 教室の授業で演習問題を解く
d. 教室の授業でディスカッションをする

★本章の学習をサポートするウェブ資料は，右のQRコードよりご覧いただけます。

Answer クイズの答え

b. 教室の授業でデジタル機器を利用する時間

　PISA 2018 年調査でも，日本の子どもたちは，おしなべて優秀な成績を収めています。それに比べて著しく低い値を示しているのが，学校の授業におけるデジタル機器の利用時間でした。「利用しない」と回答した生徒の割合は 80 % と，OECD 加盟国中で最も多いことがわかっています。2019年に文部科学省が打ち出した「GIGA スクール構想」の「1 人 1 台端末」が，いかに大きな日本の学校の転換だったかが，よくわかるデータです。

Chapter structure 本章の構成／関連する章

[関連する章]

1　学校の現在	第 6 章
Keywords 個別最適な学び／協働的な学び／EdTech	大衆化する教育

2　公教育の未来	第 9 章
Keywords 公共性／テクノロジー／共通文化	問われる学校の価値

3　教育の次に来るなにか	
Keywords データ駆動型教育／ヒューマン・エンハンスメント	?

Goals 本章の到達目標

1. テクノロジーを焦点とした近年の日本の教育改革について知る
2. 人間社会を変革し，人間の能力をより効率的に開発するさまざまなテクノロジーが議論される現状をふまえて，教育や人間形成について一定の見解をもつ

Introduction 導入

コロナ禍がもたらしたもの

ケイタ　ナナ

 ケイタ「あれ？　もう帰るの？　ナナさんって，この時間は大学院のゼミじゃなかったっけ？」

 ナナ「うーん，そうなんだけど，指導教員のクジョウ先生，ご家族がコロナに感染したらしくってさ。急遽ゼミは中止だって」

 ケイタ「ありゃりゃ。でも論文も佳境なんでしょ？　大丈夫？」

 ナナ「ああ，それは大丈夫。先生自身は元気らしいから，夕方からオンラインゼミで仕切り直すのよ。原稿は PDF ファイルにして，昨日のうちにゼミの専用クラウドにアップロードしてあるしね。おっと，なんか通知が……」

 ケイタ「クジョウ先生？」

 ナナ「うん。ええと……うぇぇ！　クラウド上の原稿に，もう真っ赤にコメント入ってるよ。こりゃ修正大変だ……」

 ケイタ「はは。それにしても，便利な世の中になったもんだね。なんでもインターネット上でできちゃう感じ。ラクチン」

 ナナ「便利は便利，だけど，やっぱり対面ゼミのほうがわたしは好きだな。なんていうか，話の熱量が伝わる，みたいな」

 ケイタ「そお？　ぼくはオンライン授業好きだけど。対面だと，分からないところを質問したくても，他人の目が気になるじゃない？　その点チャットは気兼ねしなくていいからさ」

 ナナ「えー，でもやっぱり，ICT が入ると，教育の大事なものが抜け落ちちゃう気がするけどな」

 ケイタ「そうかな？　うーん，その大事なものって，なに？」

テクノロジーの大波で，教育は変わる？　変わるべき？

1 学校の現在

講義 テクノロジー×学校

▭▷**「令和の日本型学校教育」**　2021（令和3）年1月，中央教育審議会は「『令和の日本型学校教育』の構築を目指して〜全ての子供たちの可能性を引き出す，個別最適な学びと，協働的な学びの実現〜（答申）」をまとめた。背景には，政府の第5期科学技術基本計画が提唱する「Society 5.0」という近未来の社会像がある。

　Society 5.0 では **IoT**（Internet of Things）で人とモノがつながり，知識や情報が共有され，新たな価値が生み出され，経済発展と社会問題の解決が進む。そんな変化に対応するには，これまでの日本の学校の強みを生かしつつも新しい教育が必要だと述べる。また新型コロナウイルス感染症は，現代が「予測困難な時代」であることをあらわにしたが，これに対応する教育の構築も急務としている。

▭▷**2つのコンセプトとICT**　答申のコンセプトの1つは，**「個別最適な学び」**である。それは「指導の個別化」と「学習の個性化」

表13-1　「令和の日本型学校教育」のコンセプト

個別最適な学び（個に応じた指導）	指導の個別化	子どもの個性や学習進度に応じて指導方法や教材等を提供。
	学習の個性化	子どもの興味関心に応じた活動や課題に取り組む機会を提供。子ども自身が学習を最適に調整する。
協働的な学び		探究的な学習や体験活動を通じて，子ども同士，あるいは多様な他者と協働して学ぶ。

に支えられた学びとされる（表13-1）。もう1つが「**協働的な学び**」である。これは新しい学習が「孤立した学び」に陥ることを避けるために打ち出された，**協働学習**のモデルである。

　そしてこれらの実現の要とされるのが，**ICT**（information and communication technology：情報通信技術）である。2019年12月，文部科学省は「1人1台端末」と高速大容量通信ネットワークを整備する「**GIGAスクール構想**」を発表。全国の児童生徒にパソコンやタブレット（GIGA端末）が配布され，これを用いた「個別最適な学び」と「協働的な学び」の模索がはじまった。

▷「**未来の教室**」**事業**　　関連してもう1つ注目すべきは，経済産業省が中心となって2018年度から取り組む「**未来の教室**」事業である。民間事業者が学校現場で1人1台端末と**EdTech**を活用した新しい学び方を実証するというのが，この事業の内容である。ちなみにEdTechとは，education（教育）とtechnology（技術）を組み合わせた造語で，テクノロジーによる学習支援の仕組みを意味する。経済産業省教育産業室長（当時）の浅野大介は，この事業がめざす教育の変化を「学びの自律化・個別最適化」「学びの探究化・STEAM*化」と表現する（浅野 2021）。

　前者の要は**AI型ドリル教材**である。浅野をはじめEdTechの推進者によれば，AI型ドリル教材の活用により，学校での学習はより確実かつ効率的なものになる（後述）。また基礎的な知識やスキルの学習が効率化されれば，後者の**探究学習**（学習者自ら課題を設定し，解決をめざして協働する学習）や**STEAM学習**に多くの時間をあてることができるともいう。「未来の教室」ウェブサイト（https://www.learning-innovation.go.jp/）では，現代的課題をテーマとした独創的な実践事例が多数紹介されている。

---

* STEAM：Science, Technology, Engineering, Arts, Mathematics の頭文字を組み合わせた語。教科横断的型・プロジェクト型の学習。

> 　コロナ禍という教育と社会の危機的状況に後押しされる形で，日本の学校の ICT 化は大きく加速しました。GIGA スクール構想にもとづいて整備された学校内の通信ネットワークと「1 人 1 台端末」はその象徴です。
> 　教育は社会の変化と無関係ではいられませんから，学校における ICT の普及・加速は不可避でしょう。しかしあまりに急激な変化には，思わぬ落とし穴があるかもしれません。警鐘を鳴らす研究者の声にも，耳を傾けてみましょう。

▭▷「AI 先生」が子どもを救う？　　日本の学校教育は国際的にみても高い水準のものです。ですが一斉教授方式を基本とするがゆえに，学習についていけない「**落ちこぼれ**」や，逆に簡単すぎて手持ち無沙汰になってしまう「**吹きこぼれ**」の子どもがいるということが長年問題とされてきました。

　EdTech のなかでも，「atama⁺」や「Qubena」といった AI 型ドリル教材は，この問題の処方箋として期待を集めています。AI 型ドリル教材による学習では，問題が解ける子どもは 1 人で学習を進めることができます。また誤答の場合，AI がその原因と推測される単元まで遡及して問題を提示してくれるので，学習者は自分が抱えるつまずきに立ち戻って，確実かつ効率的に学習できるといいます。そうやって基礎的な知識やスキルの学習を**効率化**できれば，子どもたちは「答えのない」探究的な学びにたっぷりと時間を使って取り組むことができる——なるほど EdTech は，「個別最適な学び」と「協働的な学び」を実現する要というわけです。

▭▷ EdTech も使い方次第　　一方で，石井英真は，「AI 教材で基礎知識を『**習得**』」→「それらを『**活用**』して探究」という学習モ

デルの「古さ」を指摘します（石井 2020）。認知科学の研究では，「基礎から応用へ」という順序は必ずしも望ましい認知的変化（わかる・できる）をもたらさないとされています（鈴木 2022）。まず個別知識を習得（記憶）して，それを応用するのではなく，学習者が自らの**生活経験**や**背景知識**と新しく学ぶ内容とを関連づけ，意味を「構成」し，情動（「わかった！」）を伴いながら納得（理解）するのが重要だということです。

　また「習得」といっても，手続きだけの習得と理解を伴う習得は異なると石井はいいます。例えば，78−39＝417 と誤答する子どもは，計算手続きではなく，39 や 417 といった数の「量感」が身についていない「**意味のつまずき**」に陥っている可能性があります。量感のつまずきには量感のトレーニングが必要でしょうが，少なくとも現在学校に導入されている AI 型教材は，そうしたつまずきの「質」への対応には限界があるようです。

▷ **EdTech とどう向き合う？**　　とはいえ EdTech は発展途上ですから，将来的にはこれらの弱点は克服されていくでしょう。また現行の AI 型教材もその性能・特性はさまざまです。その意味では，むしろ試されるのは，AI ドリルの特性を生かした授業づくりのセンスだともいえます。その他にも EdTech には，クラウド機能でノート管理が簡便になる，映像やアニメーションを活用できる，タブレットで識字や書字に困難を抱える子どもをサポートできる，などのメリットもあります。「AI 先生におまかせ」で教育がすべてうまくいくと考えるのは誤りでしょうが，さまざまな EdTech の可能性そのものはもはや無視できません。

☞ **文献にチャレンジ**

石井英真（2020）『未来の学校 —— ポスト・コロナの公教育のリデザイン』日本標準

第 13 章　テクノロジーを教育学する　**215**

2　公教育の未来

講義　再論・公教育

▷　**公教育の「公」の意味**　　政治学者の齋藤（2000）によれば，**公共性**には「国家に関する公的な（**official**）もの」「特定の誰かにではなく，すべての人々に関係する共通のもの（**common**）」「誰に対しても開かれている（**open**）」という３つの意味がある。ならば**公教育**とは，国家が運営する，すべての人に共通のことを教える，すべての人に開かれた教育ということになる。

　日本の公教育の中核は学校である（➡9章）。日本の学校は，国，地方自治体また公益法人の一種である学校法人が設置運営し，（学校種により濃淡はあるが）共通の教育（**普通教育**）を保障する。前近代の教育が身分制だったところ，近代学校はその門戸をより多くの人々に開きながら今日に至る。日本の公教育の中心的位置を占めてきた，学校の歴史的意義は大きい（➡4, 6章）。

▷　**揺れる日本型公教育**　　だが近年，学校中心の公教育の正統性にゆらぎの兆しがある。国内では，例えば2016年に広域通信制高校制度を活用した学校法人角川ドワンゴ学園Ｎ高等学校（Ｎ高）が開校，「ネットの高校」として注目を集めた。世界に目を向ければ，アメリカの大学が手がけた「Coursera」や「edX」など，インターネットを介して世界最先端の大学の授業を視聴できるMOOC（massive open online course）というオンライン学習システムが隆盛している。年少者向けでは「カーン・アカデミー」が有名である。これらは必ずしもofficialでもcommonでもないが，ある意味で学校以上にopenな学びのインフラといえる。

▷ **学校に代わる学びのインフラ？**　オンライン学習システムは，家庭に代わって子どもを保護するという学校の機能を代替するものではない。生活の指導も難しい。だが，学校では包摂しきれない人々に別の形で**学習機会**を**保障**できるというメリットがある。N 高創設の背景には，不登校児童生徒の増加があった。オンライン学習システムを活用すれば，障害や疾病で登校できない子どもも，授業や学校行事に参加できる。災害や戦争で避難生活を送る子どもに，学習支援を行うこともできる。

　これらの例からわかるのは，インターネットが，なんらかの理由で学校にアクセスできない，学校から実質的に「排除」された子どもたちに，別の形で**学習権**を保障するための重要なインフラとなりつつあるということである。日本の学校はこの 150 年余り，子どもの学習権保障を担う重要な教育機関として拡大してきたが，近年のインターネットは，ある意味で学校に並ぶ学びのインフラとしての地位を，潜在的に確立しつつある。

▷ **公教育の進化？**　さらにその可能性の射程は，子ども期の教育だけでなく，乳幼児から高齢期までのあらゆる時期の学習活動（**生涯学習**）にまで及ぶ。時間や場所を選ばないテクノロジーを用いた学びは，働き盛りの人々の**リスキリング**（新しい職業に就くために必要なスキルの獲得）から，休日や退職後の趣味の学びに至るまで，多様な学びの機会を提供できる可能性を秘めている。

　もちろん，そうした学習が高価な商品としてのみ流通するのであれば，教育格差が拡大する懸念は残る（➡10 章）。だが先に紹介した試みには無料のものも多い。また格差が問題なのであれば，それを公費（official な資金）によって支えるという方策も考えられる。インターネットを介した学習は，学校以上に「誰に対しても開かれている（open）」のであり，やり方次第で，より公教育的とさえなりうるような可能性を秘めている。

> 問い これからの公教育は EdTech で万事 OK ？

　本節 講義 では，「国家が運営する，すべての人に共通のことを教える，すべての人に開かれた教育」という公教育像を紹介しました。EdTech の活用は，国や地方自治体（および学校法人）以外の教育の供給主体を認めて official の領分を拡張・拡散させました。そこには，学校を利用せずに誰でもどこでも学べる，より open な公教育の可能性もみえてきます。他方，EdTech の隆盛のなかで，「共通のこと（common）を教える教育」，すなわち「普通教育」は後景に退いていくようにもみえます。

　さて，そんな EdTech はこれからの公教育をちゃんと担える存在といえるでしょうか。

▭ **一生涯の学びの友？**　　日本の学校は 7 歳からの 9 年間，子どもたちに**平等**に教育を保障します。ですがその内容は，必ずしもその子が学びたいと思ったことではありません。また，すべての子どもが同じペースで学べるとも限りません。平等は重要な理念ですが，これを担う学校には，その理念と裏表の難しさがあります。

　EdTech が革新的なのは，こうした困難を回避して，学びたいときに学びたいことを学ぶという学習者中心の学びを可能にする点です。MOOC では教科の内容を，いつでも，どのレベルからでも受講できます。また例えば投資にチャレンジしたいとき，短期間で必要な知識やスキルを学ぶ，というようなこともできます。必要が生じたときに必要なことを学べる「**ジャストインタイム学習**」です（コリンズ＆ハルバーソン 2020）。学校は限られた期間でその子が将来必要になるすべてを教えることはできませんが，EdTech には，一生涯にわたって人々の学びをサポートできる可能性があります。

▭ **アフィニティスペースの学び**　　しばしば EdTech には，学びを**個人化**（孤立化）させるという批判が向けられます。ですがオン

ラインゲーム形式の協働学習などは，物理的な「ふれあい」こそないものの，バーチャルな形で人のつながりを拡張する面もあります。翻訳アプリを使えば，言語の壁を超えた協働も可能です。

　テクノロジーに媒介された**コミュニティ**は，個々人の興味・関心に基づく学びを後押しします。仮想世界でサバイバルや町づくりを自由に楽しむゲーム「マインクラフト」に興味をもった12歳のある少女は，YouTube コミュニティ（関心を同じくする人々の空間，アフィニティスペース）でゲームに必要な言葉や戦略を学びます。「たむろする，いじくり回す，夢中になる」サイクルのなかで彼女は，「マインクラフト」を現実世界の建物のモデルをつくるツールとして活用しはじめます。最終的には「マインクラフト」で映画を製作するまでになりました（コリンズ＆ハルバーソン 2020）。

▷ **共通文化の喪失？**　　ただし，「学びたいときに学びたいことを」というデジタル社会の学びは，学校教育（公教育）が培ってきた人々の**共通文化**（common）の喪失と裏表です。アフィニティスペースの異世代協働の学びは魅力的ですが，人々がそうした気の合う者同士の私的な空間に引きこもってしまえば，社会は，そうした特定の私的な集団を超えた共通の文化，記憶，つながり，関心を欠いた危ういものになりかねません。

　もちろん，ネイション（国単位）の共通文化のみが唯一正統というわけではありません（➡9章3節）。とはいえ，学校が EdTech に取って代わられることが，共通の文化経験の喪失を意味するならば，そのことの是非を問うておく必要は大いにあるでしょう。

☞ **文献にチャレンジ**

コリンズ，A. ＆ハルバーソン，R.／稲垣忠編訳（2020）『デジタル社会の学びのかたち Ver. 2 ── 教育とテクノロジの新たな関係』北大路書房

3 教育の次に来るなにか

講義 能力開発の新技術

テクノロジーが公教育における学校の位置づけを変えるというのは衝撃的だが，しかしそれはまだ序の口かもしれない。テクノロジーは，教育という営みそのものをがらりと変えたり，ややもすればまるごと時代遅れにする可能性すらある。

▷ データ駆動型教育　GIGA 端末は学習者のスタディ・ログ（属性，学習履歴，成績）を収集できるが，そうした客観的なデータを用いて授業改善や教育行政の方向性を導き出す「**データ駆動型教育**」が議論されている。これだけでも先進的だが，近年ではさらに，学習者のバイタル（脈拍，呼吸，血圧，体温）や脳波など生体データを活用する道も模索されている。例えば中国の小学校では，脳波をモニターしたり，AI カメラで表情や振る舞いを分析したりといった方法でデータを収集，それをもとに授業を行うことを試みた例がある（「AI の教育活用進む中国，ある小学校の例」*The Wall Street Journal* 2019 年 10 月 28 日）。

　もともと教育の世界では，子どものニーズや課題を把握すること（**児童生徒理解**）が，いわば教育実践の「要」として強調されてきた。「データ駆動型教育」は，これまで教師が経験を積むことで達成してきたそれを，テクノロジーで補完・強化するものといえる。ただしスタディ・ログだけでなく，究極の個人情報ともいえる生体データまで収集すれば，情報漏洩のリスクは甚大である。また，親や教師がつねに子どもの内面まで監視し続けるような手法自体の問題性が問われることも必至といえる。

▱ **ヒューマン・エンハンスメント**　また，仮に教育を「個々人の能力を開発すること」と定義するならば，**能力開発**そのものを教育の代わりに請け負うかのような新技術の可能性が現実味を帯びつつある。生命医科学技術を用いた人間の改良・強化，いわゆる**ヒューマン・エンハンスメント**（以下 **HE**）である。極めて論争的なテーマであるが，ここでその一部を紹介しておきたい。

▱ **機械と人間のハイブリッド**　HE の 1 つの典型はサイボーグ技術である。人工臓器で身体機能を補助・回復させる技術はいくつか実用化されているが，現在注目が集まっているのは，脳と機械を接続する BMI（Brain-Machine Interface）である。BMI を使うと，機械に脳波を読み取らせその命令で機械を動かすことができる。将来的には，逆に機械から脳神経に直接情報を送るなど，脳と機械の双方向のやりとりも可能になるという。この技術が発展すれば，人間が「常時接続」するインターネットから直接必要な情報を得たり，自分の知識や経験を他者と共有することが可能になる。

▱ **性格や能力の改変**　脳に電極を植え込み電気的刺激で疾病を治療する脳深部刺激療法は，重度のうつ病への効果が期待されている。そしてこれも HE の範疇にある。なぜなら，うつ病治療への有効性は，是非の問題はあるにせよ，人間の望ましい行動を促進したり，人格の好ましくない面を「矯正」することへの応用可能性を示すからである（**道徳教育の補完・代替可能性**）。

　薬物による HE に関しては，むしろ現実が研究を先取りしているところがある。アメリカでは，試験やスポーツの試合のために「スマート・ドラッグ」を服用する例が報告されている。薬の正体は ADHD（注意欠如・多動症）処方薬（リタリンやコンサータなど）である。この薬で集中力，注意力，記憶力などの認知機能を強化して学習や練習を積み，また試験や試合に臨むというわけである（**知的・身体的訓練の補完・代替可能性**）。

> 　HE（ヒューマン・エンハンスメント）技術は開発途上であり，効果や副作用についてはさまざまな議論があります。現在外国で流通しているスマート・ドラッグは，違法な手段での購入・濫用が大いに疑われます。違法行為に与することがあってはなりません。
>
> 　ただし将来，HE の安全性と合法性が確立されたらどうでしょうか。現在も，身体の一部が人工物である人，薬物を摂取しながら生活する人は大勢います。その延長で，人々がテクノロジーで能力を向上させながら生活する未来。あなたはどう考えますか。

　サイエンスライターの R. ベイリーは，薬物等による認知機能エンハンスメントへのよくある反対意見を取り上げ，それらに興味深い反論を展開しています（Bailey 2015）。それらのうち，教育や学習に関わるものを要約（翻案）して紹介しましょう。みなさんはぜひ，ベイリーの反論に対する再反論を考えてみてください。

▷ **HE は脳を不可逆的に変えてしまう**　　確かに HE は，人間の能力を強化する過程で脳のあり方を変えてしまうかもしれません。そうした後戻りできない方法よりは，例えばクラスの人数を減らすなど，（教育）環境を調整するほうがよいという論者がいます。

　ベイリーはそうした**環境調整**の重要性を否定しません。ただ，脳は環境との相互作用のなかでもつねに変化しています（脳の可塑性）。HE も（教育を含む）環境調整も脳を不可逆的に変えるなら，そのことをもって HE だけを批判することはできません。

　また，もとの批判は HE（薬物処方）と環境調整を対立的にとらえ，後者のほうがよいとしますが，それは現実を無視した主張です。例えば発達障害のある子どもは，現に薬物処方と環境調整を組み合わせて学習や生活をしています。

▭ **HE は格差を広げる**　　富裕層が HE を使用して，これまで以上にさまざまな競争で優位に立つ，その結果，**格差**が広がる——そうした可能性を懸念する人もいます。これは大事な視点です。

　ただ現実問題として，いまでも富裕層は，教育にお金をつぎ込むことで社会に存在するさまざまな競争を優位に闘っています。それならばむしろ，HE 技術を貧困層にも公平に分配すればいい，そのほうが格差は小さくなるかもしれない，とベイリーは主張します。

▭ **HE は努力による人間的成長を阻害する**　　HE はなにかを成し遂げる際の努力や苦労を軽減する可能性があります。一部の論者は，そうやって物事が簡単に達成できてしまうことで，人々が人間的に成長する機会を奪われることを懸念しています。

　ですがベイリーは，HE によって人生の苦労がなくなることはないといいます。人生の苦労はたくさんあります。人々は HE を使用してある苦労を軽減することで，その次の努力に取り組む（苦労する）ことができるようなるということにすぎない，というのです。

▭ **あなたはどう考える？**　　HE の批判者たちと，それに反論するベイリーのどちらが正しいか，ここではその評価は控えたいと思います。これを考えること自体が，「そもそも教育の目的とは？」という**教育学的思考**そのものであり，だからぜひみなさんに，自分の頭でこれにチャレンジしてほしいからです。

　勉強の苦労を軽減する未来のテクノロジーは，単なる苦役ではない，もっと素敵な学びの経験に続く，画期的な近道なのかもしれません。ただしその近道には，落とし穴もあるのかも。すべてはこれからの，わたしたちの教育学的思考にかかっています。

☞ **文献にチャレンジ**

Bailey, R. (2015) *Liberation biology: The scientific and moral case for the biotech revolution.* Prometheus.

*** *Report assignment* レポート課題 //

本章の内容を振り返って，下記の2つについてそれぞれ200字程度でまとめてみましょう。

① テクノロジーを焦点とした近年の日本の教育改革の論点には，どのようなものがあったか。

② 近未来のテクノロジーによって教育はどうなると予想されるか。

///

*** *Further readings* 次に読んでほしい本 ***

石井英真・仁平典宏・濱中淳子・青木栄一・丸山英樹・下司晶（2022）『教育学年報13 情報技術・AIと教育』世織書房

クーケルバーク，M.／直江清隆・久木田水生監訳（2023）『技術哲学講義』丸善出版

佐藤岳詩（2021）『心とからだの倫理学——エンハンスメントから考える』筑摩書房

奈須正裕（2021）『個別最適な学びと協働的な学び』東洋館出版社

堀内進之介（2022）『データ管理は私たちを幸福にするか？——自己追跡の倫理学』光文社

*** *Book/Cinema guide* 読書・映画案内 ***

© 1995・2008 士郎正宗／講談社・バンダイビジュアル・MANGA ENTERTAINMENT

『GHOST IN THE SHELL/攻殻機動隊』（押井守監督，1995年製作・公開）

▶「事実は小説よりも奇なり」とはいいますが，SFのようなテクノロジーが，次々と現実味を帯びてきています。その可能性と危険性を考えるために，生身の人間，「電脳」化された人間，アンドロイド，サイボーグが混在する近未来社会を描いたSFアニメの金字塔で，想像力をエンハンスしてみましょう。

引用・参照文献／資料

第1章　知に恋い焦がれる学び
永井玲衣（2021）『水中の哲学者たち』晶文社
中畑正志（2021）『はじめてのプラトン——批判と変革の哲学』講談社
納富信留（2017）『哲学の誕生——ソクラテスとは何者か』筑摩書房
納富信留（2019）『プラトン哲学への旅——エロースとは何者か』NHK出版
プラトン／藤沢令夫訳（1979）『国家』（上・下）岩波書店
プラトン／納富信留訳（2012）『ソクラテスの弁明』光文社
プラトン／中澤務訳（2013）『饗宴』光文社

第2章　教えることの思想史
大村はま（1973）『教えるということ』共文社
大村はま（1996）『新編 教えるということ』筑摩書房
大村はま・苅谷剛彦・苅谷夏子（2003）『教えることの復権』筑摩書房
神門しのぶ（2013）『アウグスティヌスの教育の概念』教友社
コメニウス, J. A.／井ノ口淳三訳（1995）『世界図絵』平凡社
三枝孝弘（1982）『ヘルバルト「一般教育学」入門』明治図書出版
相馬伸一（2017）『ヨハネス・コメニウス——汎知学の光』講談社
日本聖書協会（2014）『聖書——スタディ版：わかりやすい解説つき：新共同訳』改
　　訂版，日本聖書協会
和辻哲郎（1988）『孔子』岩波書店

第3章　子どもが育つということ
大芦治（2016）『心理学史』ナカニシヤ出版
ガダマー, H.-G.／轡田收・麻生建・三島憲一・北川東子・我田広之・大石紀一郎訳
　　（2012）『真理と方法 I 哲学的解釈学の要綱』新装版，法政大学出版局
加用文男（1990）『子ども心と秋の空——保育のなかの遊び論』ひとなる書房
倉橋惣三（1926）『幼稚園雑草』（上・下）フレーベル館（2008, 倉橋惣三文庫5・6）
広瀬友紀（2017）『ちいさい言語学者の冒険——子どもに学ぶことばの秘密』岩波科
　　学ライブラリー
藤間公太（2017）『代替養育の社会学——施設養護から〈脱家族化〉を問う』晃洋書
　　房
ルソー／今野一雄訳（1962）『エミール』（上）岩波書店
ルソー／今野一雄訳（1963）『エミール』（中）岩波書店
ルソー／今野一雄訳（1964）『エミール』（下）岩波書店
ロック／服部知文訳（1967）『教育に関する考察』岩波書店
[読書・映画案内図版クレジット]『フリーダム・ライターズ』DVD［スペシャル・
　　コレクターズ・エディション］1,572円（税込）（発売元：NBCユニバーサル・
　　エンターテイメント）©2006 by Paramount Pictures. All Rights Reserved. TM, R

& ©2007 by Paramount Pictures. All Rights Reserved.（2023 年 7 月時点の情報
です）

第 4 章　学校という難問

今井康雄（2022）『反自然主義の教育思想――〈世界への導入〉に向けて』岩波書店
イリイチ，I.／渡辺京二・渡辺梨佐訳（2015）『コンヴィヴィアリティのための道具』
　　筑摩書房
ウィリス，P.／熊沢誠・山田潤訳（1966）『ハマータウンの野郎ども――学校への反
　　抗・労働への順応』筑摩書房
上野正道（2022）『ジョン・デューイ――民主主義と教育の哲学』岩波書店
佐藤学（1990）『米国カリキュラム改造史研究――単元学習の創造』東京大学出版会
慎改康之（2019）『ミシェル・フーコー――自己から脱け出すための哲学』岩波書店
溝上慎一・成田秀夫編（2016）『アクティブラーニングとしての PBL と探究的な学
　　習』東信堂
山田康彦ほか編（2018）『PBL 事例シナリオ教育で教師を育てる――教育的事象の深
　　い理解をめざした対話的教育方法』三恵社
Cubberley, E. P. (1920). *The History of Education.* Houghton Mifflin Company.
［読書・映画案内図版クレジット］『学校』DVD，4,180 円（税込）（発売・販売元：
　　松竹株式会社）©1993 松竹株式会社／日本テレビ放送網株式会社／住友商事株
　　式会社（2023 年 8 月時点の情報です）

第 5 章　日本における近代学校のはじまり

有本真紀（2013）『卒業式の歴史学』講談社
飯島利八／佐藤善治郎閲（1911）『小学校の儀式に関する研究』開発社
伊東毅・高橋陽一（2017）『道徳科教育講義』武蔵野美術大学出版局
片桐芳雄・木村元編／木村政伸・橋本美保・高木雅史・清水康幸（2017）『教育から
　　見る日本の社会と歴史』第 2 版，八千代出版
倉石一郎（2019）『テクストと映像がひらく教育学』昭和堂
国立教育政策研究所教育図書館貴重資料デジタルコレクション　https://www.nier.go.
　　jp/library/rarebooks/
国立公文書館デジタルアーカイブ　https://www.digital.archives.go.jp/
国立国会図書館デジタルコレクション　https://dl.ndl.go.jp/ja/
佐藤秀夫（1988）『ノートや鉛筆が学校を変えた――学校の文化史』平凡社
白井毅編（1887）『学級教授術』普及舎
大日本教育會編（1892）『維新前東京市私立小學校教育法及維持法取調書』大日本教
　　育會事務所
たいみち著「【連載】文房具百年　#6「学習ノートとノートのようなもの」後編」
　　（WEB マガジン「文具のとびら」）
高橋陽一（2019）『くわしすぎる教育勅語』太郎次郎社エディタス
辻本雅史編（2008）『教育の社会史』放送大学教育振興会
花井信（1986）『近代日本地域教育の展開――学校と民衆の地域史』梓出版社
広田照幸（2022）『学校はなぜ退屈でなぜ大切なのか』筑摩書房
元森絵里子（2014）『語られない「子ども」の近代――年少者保護制度の歴史社会
　　学』勁草書房

森重雄（1993）『モダンのアンスタンス——教育のアルケオロジー』ハーベスト社

森川輝紀（2011）『教育勅語への道——教育の政治史』増補版，三元社

文部省編（1972）『学制百年史』帝国地方行政学会

第6章　大衆化する教育

浅井幸子（2008）『教師の語りと新教育——「児童の村」の1920年代』東京大学出版会

今田絵里香（2022）『「少女」の社会史』新装版，勁草書房

落合恵美子（2000）『近代家族の曲がり角』角川書店

片桐芳雄・木村元編／木村政伸・橋本美保・高木雅士・清水康幸（2017）『教育から見る日本の社会と歴史』第2版，八千代出版

河原和枝（1998）『子ども観の近代——『赤い鳥』と「童心」の理想』中央公論社

木村元編（2005）『人口と教育の動態史——1930年代の教育と社会』多賀出版

小針誠（2015）『〈お受験〉の歴史学——選択される私立小学校 選抜される親と子』講談社

小山静子（2022）『良妻賢母という規範』新装改訂版，勁草書房

筒井清忠（2009）『日本型「教養」の運命——歴史社会学的考察』岩波書店

筒井清忠編（2021）『大正史講義〈文化篇〉』筑摩書房

橋本美保・田中智志（2015）『大正新教育の思想——生命の躍動』東信堂

文部科学省（2022）『学制百五十年史』ぎょうせい

大和和紀（2016）『はいからさんが通る』新装版（1），講談社

第7章　戦時下の教育，そして戦後へ

大門正克（2019）『民衆の教育経験——戦前・戦中の子どもたち』増補版，岩波書店

海後宗臣（1975）『戦後日本の教育政策1　教育改革』東京大学出版会

小国喜弘（2007）『戦後教育のなかの〈国民〉——乱反射するナショナリズム』吉川弘文館

新藤宗幸（2013）『教育委員会——何が問題か』岩波書店

寺崎昌男・戦時下教育研究会編（1987）『総力戦体制と教育——皇国民「錬成」の理念と実践』東京大学出版会

豊島区立郷土資料館編（1992）『豊島の集団学童疎開資料集（3）豊島区立郷土資料館調査報告書第7集』

広田照幸編（2020）『歴史としての日教組——結成と模索』（上）名古屋大学出版会

逸見勝亮（1998）『学童集団疎開史——子どもたちの戦闘配置』大月書店

文部省（2018）『民主主義』KADOKAWA

文部省普通学務局（1942）『国民学校制度ニ関スル解説』

山中恒（1974）『ボクラ少国民（1）』辺境社

［読書・映画案内図版クレジット］『青い山脈 續青い山脈』（2枚組）［東宝DVD名作セレクション］DVD発売中，4,400円（税抜価格4,000円）（発売・販売元：東宝）©1949 TOHO CO., LTD.（Blu-ray & DVD発売中，発売・販売元：東宝）

第8章　成長する経済，そのとき若者は

安藤聡彦・林美帆・丹野春香編（2021）『公害スタディーズ——悶え，哀しみ，闘い，語りつぐ』ころから

乾彰夫（1990）『日本の教育と企業社会——一元的能力主義と現代の教育＝社会構造』大月書店

香川めい・児玉英靖・相澤真一（2014）『〈高卒当然社会〉の戦後史——誰でも高校に通える社会は維持できるのか』新曜社

木村元（2015）『学校の戦後史』岩波書店

国民教育研究所編集（1970）『全書・国民教育6 公害と教育』明治図書

日本経営者団体連盟編（1969）『能力主義管理——その理論と実践』（日経連能力主義管理研究会報告）日本経営者団体連盟弘報部

武田晴人（2008）『高度成長』岩波書店

福間良明（2020）『「勤労青年」の教養文化史』岩波書店

三谷高史（2021）「公害を調査する——『学ぶこと』と『望ましい社会をつくること』」安藤聡彦・林美帆・丹野春香編『公害スタディーズ——悶え，哀しみ，闘い，語りつぐ』ころから

宮本憲一（2014）『戦後日本公害史論』岩波書店

Fujioka, S.（1981）Environmental education in Japan. *Hitotsubashi Journal of Social Studies*, 13（1），9-16.

第9章　問われる学校の価値

市川昭午（1995）『臨教審以後の教育政策』教育開発研究所

大桃敏行・背戸博史編（2020）『日本型公教育の再検討——自由，保障，責任から考える』岩波書店

北澤毅編（2007）『リーディングス日本の教育と社会9 非行・少年犯罪』日本図書センター

久冨善之（1993）『競争の教育——なぜ受験競争はかくも激化するのか』労働旬報社

鈴木大裕（2016）『崩壊するアメリカの公教育——日本への警告』岩波書店

日本教育法学会編（2021）『コンメンタール教育基本法』学陽書房

額賀美紗子・芝野淳一・三浦綾希子編（2019）『移民から教育を考える——子どもたちをとりまくグローバル時代の課題』ナカニシヤ出版

広田照幸（2001）『教育言説の歴史社会学』名古屋大学出版会

保坂亨（2019）『学校を長期欠席する子どもたち——不登校・ネグレクトから学校教育と児童福祉の連携を考える』明石書店

［読書・映画案内図版クレジット］『かがみの孤城』Blu-ray［通常版］5,280円（税込）／DVD［通常版］4,180円（税込）（発売・販売元：アニプレックス）©2022「かがみの孤城」製作委員会

第10章　学力／能力を教育学する

石井英真（2015）『今求められる学力と学びとは——コンピテンシー・ベースのカリキュラムの光と影』日本標準

呉永鎬（2019）『朝鮮学校の教育史——脱植民地化への闘争と創造』明石書店

小川環樹ほか編（2017）『角川新字源』改訂新版，KADOKAWA

勝田守一（1972）「学力とはなにか」『勝田守一著作集 第4巻 人間形成と教育』国土社

川口俊明（2020）『全国学力テストはなぜ失敗したのか——学力調査を科学する』岩波書店

神代健彦（2020）『「生存競争」教育への反抗』集英社

サンデル, M.／鬼澤忍訳（2021）『実力も運のうち──能力主義は正義か？』早川書房

田中耕治（2008）『教育評価』岩波書店

広岡亮蔵（1964）「学力, 基礎学力とはなにか──高い学力, 生きた学力」『別冊現代教育科学』第1号

本田由紀（2020）『教育は何を評価してきたのか』岩波書店

松岡亮二（2019）『教育格差──階層・地域・学歴』筑摩書房

松下佳代編（2010）『〈新しい能力〉は教育を変えるか──学力・リテラシー・コンピテンシー』ミネルヴァ書房

OECD（2018）The Future of Education and Skills: Education 2030（「教育とスキルの未来──Education 2030」文部科学省初等中等教育局教育課程課教育課程企画室訳）

［読書・映画案内図版クレジット］『万引き家族』Blu-ray, 5,170円（税込）／DVD, 4,180円（税込）（発売元：フジテレビジョン, 販売元：ポニーキャニオン）© 2018 フジテレビジョン ギャガ AOI Pro.

第11章　学校と地域を教育学する

柏木智子（2020）『子どもの貧困と「ケアする学校」づくり──カリキュラム・学習環境・地域との連携から考える』明石書店

厚生労働省（2019）「国民生活基礎調査」

国立教育政策研究所（徳永保研究代表者）（2014）『人口減少社会における学校制度の設計と教育形態の開発のための総合的研究　最終報告書』国立教育政策研究所

澁谷智子（2022）『ヤングケアラーってなんだろう』筑摩書房

清水睦美・堀健志・松田洋介編（2013）『「復興」と学校──被災地のエスノグラフィー』岩波書店

清水睦美・松田洋介ほか（2020）『震災と学校のエスノグラフィー──近代教育システムの慣性と摩擦』勁草書房

田端健人（2012）『学校を災害が襲うとき──教師たちの3.11』春秋社

徳水博志（2018）『震災と向き合う子どもたち──心のケアと地域づくりの記録』新日本出版社

中村瑛仁（2019）『〈しんどい学校〉の教員文化──社会的マイノリティの子どもと向き合う教員の仕事・アイデンティティ・キャリア』大阪大学出版会

樋田大二郎・樋田有一郎（2018）『人口減少社会と高校魅力化プロジェクト──地域人材育成の教育社会学』明石書店

宮﨑雅人（2021）『地域衰退』岩波書店

山野則子（2018）『学校プラットフォーム──教育・福祉, そして地域の協働で子どもの貧困に立ち向かう』有斐閣

第12章　ジェンダーとセクシュアリティを教育学する

シオリーヌ（大貫詩織）著／松岡宗嗣監修／村田エリー絵（2021）『こどもジェンダー』ワニブックス

田代美江子（2021）「セクシュアル・リプロダクティブ・ヘルス／ライツ」『季刊 セクシュアリティ』103, 102-103.

谷村久美子（2022）「高校生と考える『性的同意』と『性交』」『季刊セクシュアリティ』105，92-98.

内閣府（2019）『男女共同参画白書 令和元年版』
　　https://www.gender.go.jp/about_danjo/whitepaper/r01/zentai/index.html

"人間と性" 教育研究協議会（2022）『季刊セクシュアリティ』（特集 性教育実践2022）105 号，エイデル研究所

ブレイク，E.／久保田裕之監訳（2019）『最小の結婚——結婚をめぐる法と道徳』白澤社

ユネスコ編／浅井春夫・艮香織・田代美江子・福田和子・渡辺大輔訳（2020）『国際セクシュアリティ教育ガイダンス——科学的根拠に基づいたアプローチ』改訂版，明石書店

リヒテルズ直子（2018）『0 歳からはじまるオランダの性教育』日本評論社

第 13 章　テクノロジーを教育学する

浅野大介（2021）『教育 DX で「未来の教室」をつくろう——GIGA スクール構想で「学校」は生まれ変われるか』学陽書房

石井英真（2020）『未来の学校——ポスト・コロナの公教育のリデザイン』日本標準

コリンズ，A. ＆ハルバーソン，R.／稲垣忠編訳（2020）『デジタル社会の学びのかたち——教育とテクノロジの新たな関係（2）』北大路書房

齋藤純一（2000）『公共性』（思考のフロンティア）岩波書店

鈴木宏昭（2022）『私たちはどう学んでいるのか——創発から見る認知の変化』筑摩書房

ヘロルド，I.／佐藤やえ訳（2017）『Beyond Human 超人類の時代へ——今，医療テクノロジーの最先端で』ディスカヴァー・トゥエンティワン

Bailey, R.（2015）*Liberation biology: The scientific and moral case for the biotech revolution*. Prometheus.

［読書・映画案内図版クレジット］『GHOST IN THE SHELL 攻殻機動隊』Blu-ray／DVD／UHD BD（販売元：バンダイナムコフィルムワークス）© 1995・2008 士郎正宗／講談社・バンダイビジュアル・MANGA ENTERTAINMENT

索　引

231

232

人名索引

【y-knot】
これからの教育学
Education Studies for the Coming Era

2023 年 9 月 30 日 初版第 1 刷発行

著　者　神代健彦・後藤 篤・横井夏子
発行者　江草貞治
発行所　株式会社有斐閣
　　　　〒101-0051 東京都千代田区神田神保町 2-17
　　　　https://www.yuhikaku.co.jp/

装　丁　高野美緒子
印　刷　株式会社精興社
製　本　大口製本印刷株式会社
装丁印刷　株式会社亨有堂印刷所